一人前といわれる▼渉外担当者の教科書

奥山 文雄
Fumio Okuyama

近代セールス社

はじめに

本書は、定年までほぼ営業店ひと筋に地域金融機関で働いてきた先輩（筆者）から、毎日現場で渉外活動を頑張っている後輩（あなた）へ伝えたい、実践すべき渉外活動の進め方についてまとめたものである。

「先輩から後輩へ」とはいっても、長年にわたり渉外活動を続けた筆者からすれば、あなたは同志でもある。

本書には、筆者が渉外活動において成功した話ばかりが詰まっているわけではない。失敗して学んだことや、成果が上がらない日々の中、何とか見出した打開策などを基に、少しでも役に立ちそうなことを記述した。地道な、あるいは泥臭い教えのほうが多いかもしれない。是非かまえずに読んでいただければと思う。

特に、渉外活動における「話し方」ならびに「聞き方」については、ページを割き、トーク例を豊富に挙げて解説した。これらは筆者が実務の現場で実践してきたものであり、必ずあなたの渉外活動の役に立つものと確信している。

「話すこと・聞くこと」は、渉外活動のほとんどすべてと言ってもいい。普段、友人や職場の仲間と気楽に会話するのとは違い、渉外活動におけるお客様との会話は、内容によっては相当な神経を使い、かつ、様々な配慮をしながら進めていかなければならない。

幅広いトーク例から、適時適切な言葉の選択、慎重な言葉の使い方、お客様の立場に立った言葉の使い方、配慮と思いやりのある言葉かけなど、お客様に対する微妙な心配りを感じ取っていただきたい。

本書で紹介した「話し方・聞き方」を渉外活動の現場で活用すれば、あなたが身に付けている業務知識や専門知識が遺憾なく発揮されることにつながり、結果、大きな成果となって表れる。

いくら勉強して知識を身につけても、それを使うところがなければ意味がない。渉外担当者なら、お客様と話ができてこそ、初めて自分の知識が活きてくるのだ。

本書はいわば「話し方・聞き方を通した渉外活動のノウハウ」である。これを実際の渉外活動に活かし、成果を上げ、あなたがイキイキと働くことが筆者の願いである。

業績の良い店舗は、必ず渉外担当者が明るく元気に活動していて、営業店全体に活気がある。逆に言えば、明るく元気に活動している渉外担当者がいない営業店は、店舗の業績も悪い。

うまくいかないとき、憂鬱《ゆううつ》になりそうなときこそ、元気な渉外担当者の力が店舗の業績を向上させる牽引力であることを思い出してほしい。金融機関の渉外担当者である自分が、地域発展のための役割と使命を担っているということを自覚して、自信を持って営業活動に邁進していただければと思う。

第1章　渉外活動はじめの一歩！

第3章　新規開拓先での「超」基本のトーク

法人編

個人編

第4章　場面別 最強の渉外トーク〈法人編〉

第6章　業種別 セールス・提案につなげる会話術

第１章

渉外活動
はじめの一歩！

渉外活動の第一歩は、お客様に自分を受け入れてもらうことである。そのための心がまえや、最低限身につけたいビジネスマナーについて解説する。

1
渉外活動の前に心にとめたい15の教え

❶ 悩んで当たり前

あなたはいま、悩んでいないだろうか。

「渉外活動は苦手だ」

「渉外活動に自信が持てない。積極的に取り組めない」

「できれば渉外活動に出たくない」

「自分はこの仕事に向いていないのではないか」

こんな思いで頭をいっぱいにして日々渉外活動を行っていないだろうか。もしそうであれば、毎日が憂鬱《ゆううつ》で、渉外活動に身が入らなくなるのは当然のことと言える。

実を言えば、筆者も渉外活動を始めた当初は同じような思いを抱えていた。朝起きて会社に出勤することが、たまらなく憂鬱《ゆううつ》で仕方なかったことが思い出される。

しかし、そんな悩みにいつまでもとらわれていてはだめだ。今すぐにでもネガティブな思考を消去し、頭の中をリセットしたい。

なぜなら、まだ渉外活動経験の浅いあなたにとって、そのような悩みを抱くことは当然のことと言えるからである。言い換えれば、悩んで当たり前で、むしろ悩まないほうが不思議なのだ。

誰にでも言えることだが、今まで経験したことのない仕事に取り組む場合、最初からうまくいくことなど絶対にない。うまくいかなくて当たり前なのである。

うまくいかなくて当たり前、いろいろと悩んで当たり前と考えると、ずいぶんと気が楽になるはずだ。

❷ 開き直れ

筆者も経験したことだが、新規訪問活動でなかなか社長と会えない、何度訪問しても門前払いされる、いくら融資セールスを行っても成果に結び付かないなど、懸命に頑張ってもまったくうまくいかないときがある。こうした状況が続くと、ため息や愚痴が出るばかりか、場合によっては自信を喪失し、心が折れそうになる。

必死になって気持ちを切り替えようと努力するが、焦りもあって、自分の視野が狭くなっていることになかなか気が付かない。

この場合、最も効果があるのは「気分転換」である。

とりあえず、同じ職場の同僚や先輩、他店の同期と食事か飲みに行き、情報交換する。「俺もそんなときあったよ」と、同じような悩みを持つ人の話を聞くことで、連帯感が生まれ、改めてやる気が起きることがある。信用が置けて、真に心を許せる友人に話を聞いてもらうのもいい。

もし、法人・個人を問わず、既存取引先の中に気楽に話ができる先、つまり自分のことを良く理解してくれているような取引先があるなら、趣味や人生相談的な話などの雑談で気分転換を図ることもできる。いずれにしても、人に話を聞いてもらうことで気が楽になるだろう。また、スポーツや旅行など、自分の趣味でストレスを発散する方法もある。

結局のところ、いくら一人で悩んでいても何も解決しない。積極的に気分転換を図った後は、開き直るほかない。

「誰でもうまくいかないときがある」

「こうした状況がいつまでも続くわけじゃない」

「そのうちきっと良いこともあるだろう」

　こう思えれば、いつかまた風向きが変わってくる。

　また、仕事上の大きな悩みや困りごとは、必ず上司に相談し、早く問題を解決することが必要である。あなたの上司がいくら忙しそうに見えても、部下の悩みを聞く時間もないということは断じてない。決して自分一人で悩みを抱え込んではならない。

❸ 〝ダメもと〟と思え

　筆者が既存取引先専門担当から新規先専門担当に配置換えになったときの話だが、訪問先には門前払いされる、たとえ面談できても話が続かない、そのため次回訪問の約束が取れない、という状況が続いた。それでも懸命に訪問活動を行ったが、思うように成果が上がらず自信を喪失し、徐々に落ち込んでいった。

同じ店舗の職員たちからも、「このごろ覇気がなくなった」「以前の元気は一体どこへ行ったのだろうか」というようなことを言われているのが漏れ聞こえてきた。

そうした状況が変わらないまま、悩みながら訪問活動を行っていたある日、支店長に呼ばれ、次のようなアドバイスをもらった。

「一生懸命頑張っていることはよく分かるが、もう少し肩の力を抜いて仕事に取り組んでみてはどうだろう。〝ダメもと〟、ダメでもともとと思って活動してみてはどうだろう」

「10先あるいは20先訪問し、すべての先に門前払いされたとしても、想定の範囲内だと軽く受け止めればいい。新規開拓で簡単に実績を上げられるはずはないのだから、相当な時間と労力をかけなければ実を結ばないということを分かればいいんだ。日々の自己研鑽を怠らず、真面目にコツコツと地道に活動していれば、いつかそのうち必ず報われるという気持ちを持つことだ。大丈夫、お天道《てんとう》さんはちゃんと見てくれているから！」

このアドバイスで、私の気持ちは大きく変わり、その後の活動が苦にならなくなった。それからは、新規先訪問の際は常に〝ダメもと〟という言葉を呪文のように唱えながら活動していたことを思い出す。

あなたも、成果を上げられずに落ち込んでいるなら、〝ダメもと〟と考えてみてほしい。これは、「どうせ〝ダメもと〟だから、いくらやっても仕方がない」ということではない。「〝ダメもと〟で積極的に動く」ということだ。

❹ 努力は必ず報われると信じよ

悩みながらでもあきらめずに自己研鑽を積み重ねれば、その努力は必ず報われると信じることが大切だ。

いつかそのうち、お客様から「本当にありがとう」「助かった」「感謝するよ」という言葉をもらえる日が来る。さらに、「あなたが担当で本当によかった」などと言ってもらえたら、そのときこそ努力が報われたと思えるだろう。

お客様からの言葉は、間違いなく明日からの涉外活動の力になる。悩みながらでも決してあきらめず、自分にできる努力を続けていくことだ。

お客様との面談の中でお客様に教えられること、同行訪問してもらった先輩や上司のお客様に対する話し方・聞き方など、学ぶべきことは毎日ある。書籍や雑誌、通信講座などで、貪欲に知識を習得するという心構えも必要だ。そうした地道な積み重ねでしか、渉外担当者としての成長はない。

❺ 先輩・上司も同じ道を歩いた

あなたの店舗の支店長や、先輩・上司も、はじめからお客様とうまく話ができたわけではない。あなたと同じような悩みを抱えながら経験を重ね、今日に至っているはずだ。

バリバリ成績を上げている先輩にも、どんなお客様ともよどみなく会話する支店長にも、あなたと同じような時代があった。お客様に怒られたり、とんでもない失敗をしたことだってあっただろう。飲み会の席や同行訪問の際の道中で、過去のそんな話をしてくれることもあるかもしれない。

渉外活動での会話力は、一朝一夕に身につくものではない。先輩や上司からのアドバイス、お客様から学ぶこと、自己研鑽などにより少しずつ磨かれていくものだ。これを十分に意識しながら仕事に向き合う姿勢が大切だ。

思うようにいかない日々の中でも、ふと、お客様との会話が少しだけスムーズに進んだと感じるときがあるはずだ。そういう瞬間を積み重ね、話し方や聞き方のポイントをつかんでいけば、必ずお客様とのコミュニケーションがうまくいくようになる。

❻「第一印象」を磨け

お客様との面談の機会を得るために重要なことは「第一印象」が良いことだ。特に新規先訪問の成否は、第一印象で決まると言っても過言ではない。

あなたも、初めて会う人に対しては瞬間的に「良さそうな人だ」「ちょっと苦手なタイプだ」などと判断しているだろう。こうした第一印象は、良くも悪くも後々まで引きずるものだ。

第一印象の決め手となるのは「身だしなみ」「言葉遣い（話し方・聞き方）」「立ち

居振る舞い」の3つである。見た目から清潔感が感じられ、明るく礼儀正しく、言葉遣いや態度も良く、元気でハキハキとした話し方でお客様と接することができれば言うことなしである。

そんなことは当たり前だと思うかもしれないが、例えば「身だしなみ」一つでも、髪型から顔色、スーツの色・丈、靴のきれいさ、爪の長さまで、気を配るポイントを言い出せばキリがない。詳しくは後で述べるが、こうしたことすべてに気を配れるかどうかが、第一印象を左右する。

❼「笑顔」を忘れるな

「身だしなみ」「言葉遣い」「立ち居振る舞い」に並んで大切なのが「笑顔」である。お客様と相対するとき、いつも「笑顔」で接すれば決して印象が悪くなることはない。「笑顔」は人の心を和ませる効果がある。苦手なお客様がいたり、気乗りしない日があったりすると思うが、誰に対しても分け隔てなく「笑顔」で接することを心がけたい。

「笑顔」は「作り笑い」や「にやけた笑い」であってはならない。笑い方によっては「人を馬鹿にしているのではないか」と思われ、相手に悪い印象を与えることもあるので注意が必要だ。

自然な感じで「微笑《ほほえ》む」「ニコッとする」というのが理想だが、これがなかなか難しい。一度、鏡で自分の笑顔を確認してみると分かるが、自分では「ニコッと」笑っているつもりでも、口角が下がっていたり、目が笑っていなかったりすることがある。

毎朝、涉外活動の前に鏡で自分の笑顔を見てみるといい。自分にとって自然な「笑顔」を身につけることができれば、お客様の第一印象は格段に良くなる。

❽ 積極的にパクれ

涉外活動のコツを、簡単に、スピーディーにつかむ方法がある。それは、ズバリ「パクる」ことである。周りを見れば、「何だかあの人は感じがいい」「あの人のような話し方を身につけたい」と思える人がいるだろう。

そうした人の話し方や聞き方、ちょっとした言い回しの中で、使えそうだと思うものはすかさずメモをとり、いつか自分でも使えるように記憶しておく。積極的に「パクる」のである。

そうして覚えたことは、はじめのうちはそのまま使ってもいいが、内容によっては、少しずつ工夫しながら自分流にアレンジして使っていく。すると、徐々に独自のスキルが身についていくことになる。

昔気質《むかしかたぎ》の「職人」の世界では、懇切丁寧に指導・教育するというようなことはなく、一人前になるためには、先輩職人の仕事ぶりを観察しながら、技術を盗みとらなければならないと言われている。一流のセールスマンやスポーツ選手、俳優・芸人、料理人などの中にも、はじめのうちは誰かの真似をしていたと語る人は少なくない。

誰かのスキルを「パクる」のは決して悪いことではない。前向きに考えて取り組むべきだ。

「パクる」対象は周りの人たちだけではない。テレビやラジオ、新聞・雑誌、インターネットなどからも、自分の渉外活動にプラスになると思ったことは取り入れてみるといい。

繰り返しになるが、自分にプラスになることは積極的にパクる。そして、パクりっぱなしにせず、自分流にアレンジして独自のスタイルを形成していく。これも、自分の能力を高めるためのカギである。

❾ 体調が悪いときには無理をするな

毎日体調万全で渉外活動に臨めれば何も言うことはないが、体調不良や仕事・プライベートでの悩み、ストレスによる精神の不安定などが原因で、いつもどおりに仕事ができないこともあるだろう。こういう波があるのは、生身の人間なのだから当然のことだ。

あまり体調が悪いときに無理して仕事をすると、失敗や事故が発生する可能性が高くなる。そして、お客様や職場の先輩・上司に悪い印象を与えたり、余計な心配をかけたりすることにもつながる。

体調が悪いときには、決して無理せず休みを取ること。もし出勤した後で体調が悪くなった場合には、上司に引き継ぎを行って早退し、状況に応じて病院に行く。もし、その日中にどうしても行わなければならないことがあるなら、その必要最低限の仕事だけを行い、仕事を早めに切り上げるなど、状況に応じて対処すればいい。

体調が悪いときに無理を押して渉外活動をすると、翌日以降の仕事に支障を来すことにもなりかねないため、気持ちを切り替えて、思い切ってしっかり休むことが大切だ。体調が戻って出勤できたら、フォローしてくれた周りへのお礼の言葉も忘れずに。

⑩「宝の持ち腐れ」にするな

渉外活動を行うために多くの知識を保有していたとしても、それはお客様と面談できない限り活用することができない、いわゆる「宝の持ち腐れ」になってしまう。

新規訪問活動における渉外担当者の一番の悩みは、訪問先に「話を聞いてもらえない」あるいは「受け入れてもらえない」ことである。そのため、まずはいかにして訪問先との面談の機会を得るかが新規訪問活動のスタートであり、これに全力を挙げて取り組まなければならない。

見込み先のピックアップやローラー訪問などを面倒くさいと思ってはだめだ。渉外活動のうえでは、面倒なことこそが重要である。

「宝の持ち腐れ」にしたくないのであれば、それを活かす場を自ら作っていくことだ。

⓫ 記憶に残る渉外担当者になれ

「以前に当社の担当だったAさんは、今どこの支店にいるんだろう。Aさんには何かとお世話になって、本当に感謝している。機会があってお会いすることがあったら、よろしくお伝えください」

訪問先のお客様から、こんなふうに言われたことはないだろうか。もしかしたら、他の金融機関の担当者を引き合いに出されることもあるかもしれない。

こう言われて、あなたはどう思うか。

「何だよ、自分と以前の担当者（他の金融機関の担当者）を比べて…」と思うか、「自分もそうした担当者に負けないように頑張ろう」「お客様の記憶に残るような渉外担当者になろう」と思うかで、その後の渉外担当者としての成長は違ってくるだろう。

お客様にとっていつまでも記憶に残る渉外担当者になるには、様々な要素を身に付けなければならないが、そうした渉外担当者を目指すためのとっかかりは、それほど難しいことではない。本書でも紹介する「ビジネスマナー」や訪問先での「話し方・聞き方」が、お客様の印象を左右する。

⑫ 迷ったらやめろ

あなたも経験していると思うが、渉外活動の中では判断に迷うことが多々ある。特に業務経験の浅い時代には、そうした場面も多いはずだ。

迷ったらどうするか。まずは先輩や上司に相談して判断を仰ぐというのが一般的な考え方だが、そうして仰いだ判断に基づいて実施したことでも、うまくいくとは限らない。

うまくいかなかったときには、それも良い経験として、二度と同じことを繰り返さないよう、いっそう自己研鑽に励み、自身の能力を高める努力をするしかない。

判断に迷うケースは多々あるが、渉外担当者の場合には何といっても融資に関わることが多い。中でも、お客様からの融資申込みについての判断は悩ましいものが多く、精神的な負担となっている人もいるだろう。

いずれにしても、判断に迷ったら先輩や上司に相談し、自らの考えをまとめたうえで、上司の承認を得てから結論を出すことになる。しかし、いくら相談や検討を重ねたとしても、渉外担当者が一度でも迷った案件にゴーサインを出して進めたとき、多くの場合はうまくいかないというのが筆者の持論である。

渉外担当者として案件を進めることを迷うのには、何か理由があるはずだ。実績を上げることだけに捉われてはいけない。迷ったらやめるというのも、１つの選択肢である。

⓭ ストーリーを考える

いつも行き当たりばったりで渉外活動をしていては、実績は上がらない。新規先あるいは既存取引先を訪問する場合、訪問目的を念頭に置いた話の流れ、つまり面談のストーリーを考えておいたほうが話の流れが作りやすい。

例えば「①訪問時の挨拶→②雑談の内容→③訪問目的の告知→④お客様からの要望等の確認→⑤退席時の挨拶」など、大まかな面談の流れをイメージしておく。そうすれば、訪問目的を忘れることなく、円滑なコミュニケーションをとることができる。

たとえイメージどおりに話が進まなかったとしても、強引にストーリーに合わせる必要はない。雑談から思いのほか有益な情報が得られて会話が展開することもあれば、新規訪問などでは挨拶だけで終わってしまうこともあるだろう。

ストーリーを考えるのは、いわばイメージトレーニングである。事前に理想のストーリーを描くことで、本番でもその理想に近づくことができる。

⑭ 時には演技も必要

あなたが相手の人と話をしている場合、相手の人があなたの話に対して相槌を打たない、あるいはほとんど言葉を発しないなど何の反応も示さないとしたら、どう思うだろうか。おそらく「自分の話に興味がないのだな」「話がつまらないということか」と感じ、不愉快になると思う。

お客様があなたと話をしているときでも、同様のことが言える。あなたがお客様の話を聞いているとき、相槌を打たない、あるいは反応が薄いというようことがあると、それによって、お客様が心証を害することは間違いない。

そこで必要なのが、「演技力」である。たとえお客様の話がつまらない内容であっても、まったく興味や関心を持てなかったとしても、相槌を打ち、タイミング良く言葉をかけるなど、最低限のアクションをすることだ。これは、渉外担当者としての心得であるとともに、人と接するときのマナーでもある。

年齢を重ねた人の三大話は、「自慢話」「健康・病気の話」「昔話」の３つである。あなたにとっては、ほとんどつまらない内容のものばかりだろう。それでも、多少の演技を交えながら、適切に対応することがプロフェッショナルといえる。

特に、お客様の自慢話には、ちょっとオーバーなくらいの反応をして、自尊心をくすぐることも必要だ。「すごいですね！」「さすがですね！」「こんな話は初めて聞きました」などと言われて、嫌な思いをする人はいない。ただし、あまりにもわざとらしい表現は逆効果となることもあるので、くれぐれも注意が必要だ。

⑮ 自分の個性を大切にする

まずは「パクる」ことから始めよということは先に述べたとおりである。しかし、いつまでも誰かの「パクリ」では自身の成長はなく、何よりも仕事の満足感を得られない。工夫を重ね、新たに自己流のやり方を作り上げることが大切だ。

自身が工夫して作り上げたやり方で活動するほうが、ストレスなく渉外活動を持続できる。はじめはただの「パクリ」だったものも、自分で考え、行動することで、徐々に自らの個性ある振る舞いとなるだろう。その個性を活かした自然な形での渉外活動こそが、お客様と信頼関係を築くカギである。

渉外担当者のタイプが様々なように、お客様の考え方も様々だ。もし、ある先であなたの個性が受け入れられなくても、別の先では好印象だったりすることもある。「別の誰か」になろうとする必要はない。自分らしいやり方で勝負すればいい。

コラム

筆者の現役時代の話❶

融資を迷うとき

自動車部品の製造・加工を営むＡ社は、社長と従業員２名の計３名という零細企業であった。仕事的には特殊な技術の必要もなく、丁寧な仕事と納期の遵守が唯一の強みである。社長は寡黙だが、この業界では長い経験と実績を誇っていた。

筆者の在籍していたのが新規開設店舗ということもあり、実績を上げるために積極的に新規融資のセールスを行っていたところ、Ａ社から、運転資金として証書貸付で３００万円の申込みがあった。３年返済で無担保（知人の他社のために、社長個人が信用保証協会に対し求償債務を負っていることから信用保証の利用ができない）、連帯保証人は社長１人という内容である。

財務内容は脆弱であり、赤字・債務超過は発生していないものの、収支トントンの状態で自己資本も少ない。また、機械設備も耐用年数を過ぎており、利益＋減価償却費から見た返済財源もなかった。

今回の運転資金は赤字補てんのための資金ではないが、既存の借入返済金の捻出ができておらず、手持ち資金に余裕がないため、積極的な営業活動ができないことが申込みの理由である。業歴は10年以上だが、競合先も多く、ここ数年は売上が伸び悩んでいた。

このようにマイナス要素だらけであったが、自動車産業はさらに発展していく見込みがあり、得意先がA社の丁寧な仕事と納期の遵守を高く評価してくれている点を考えれば、A社の業績が向上する可能性も高かった。筆者はこの案件を受け付けるか否か、大いに悩み、上司にも相談した末、地域でのA社の業歴と社長の人間性（誠実で責任感が強い）を評価し、融資を受け付けることにした。決裁・承認を得て融資は無事に実行された。

しかし、融資実行後6カ月を経過しても相変わらずA社の売上が増加する気配はなく、業績は横這いで推移した。状況確認と今後の見通しについて実態把握を行ったところ、①得意先からの受注は増加しているが、他社との競合で受注条件がより厳しくなった、②最近になって不良品が発生し、Ａ社の信用度が低くなった、という事実を知ることとなる。当初の目論見から大きく外れる結果となった。

言うまでもなく資金繰りは徐々に悪化、融資実行から1年後には不渡を出し、倒産に至る。無担保融資で連帯保証人は社長のため、本来であれば残債（２００万円）は全額ロスになるはずだったが、ある日、社長が実父とともに来店し、３年の分割返済で、実父の力を借りて支払いたいという申し出があった。結果、３年後には全額完済に至った。筆者としては、融資の判断は誤ったが、社長の人間性に対する評価は間違いではなかったと感じた。

この案件以降、筆者は「迷ったらやめる」ということを肝に銘じて仕事に向かうようになった。

自信を持って実行した案件であれば、たとえうまくいかなくても、素直に反省し、納得することができる。しかし、迷った挙げ句実行し、うまくいかなかった場合には、必ず悔いが残るものである。

うまくいかなかったという結果は同じでも、取組み方や、結論を出すまでの思考の違いで、後味は大きく異なる。迷ったり悩んだりする案件にはそれなりの理由があるはずで、それを払拭できないのであれば、思い切ってやめるのも1つの選択肢である。

2 好印象を与えるビジネスマナーの心得11箇条

❶「感じが良く」なければ気に入ってもらえない

渉外活動では、何よりもまず訪問先に気に入られなければならない。気に入られなければ話も聞いてもらえず、お客様に受け入れてもらえない。

それでは、「気に入ってもらう」とはどういうことなのか。どうすれば気に入ってもらえるのだろうか。

お客様が、「あの銀行（あの店）は感じが良い／悪い」とか、「あの人は感じが良い／悪い」などと、地域の金融機関や、そこで働く人に対する印象を口にすることがある。

お客様があなたのことを「感じが悪い」と思った場合、その印象を拭うのは容易ではなく、最悪の場合、それを理由に取引をやめてしまうこともある。逆に、「感じが良い」と思ってもらえれば、新規の取引が始まったり、お付き合いが続いていくことが多い。

つまり、「気に入ってもらう」ためには、常に「感じが良く」なければならない。「感じが良い＝気に入ってもらえる」ということになる。「感じが良い」ということは「第一印象が良い」ということで、これは渉外担当者にとって重要な要素である。

❷「パッと見」の清潔感が勝負

「第一印象」は最初の3分で決まる。この3分間には、3つの微妙なステップがある。第一のステップは「パッと見」の数秒、これは清潔感があるかどうかがすべてである。

お客様は渉外担当者が口を開く前に、その担当者をパッと見て、清潔感があると感じた場合には「話を聞いてみよう」と前向きに反応することが多い。清潔感がない場合には、「話を聞きたくない」という消極的な気持ちになり、拒否反応を示すことになる。

お客様に清潔感を与える要素には次のようなものがある。

【清潔感を出す６つのポイント】

①頭髪・髭・爪・鼻毛など衛生面での手入れが行き届いている

②女性の場合、シンプルで控えめなメイクをしている（ノーメイクはＮＧ）

③流行を追わない、清楚な服装で、ちょうど良いサイズのものを着ている

スーツは濃い色のもの（黒、紺など）、ワイシャツは白または無地の薄いブルー、ネクタイは派手な色は避け、靴下は黒、紺、グレーが基本。初めて買うときには大きな出費になるが、スーツは5、６着揃え、毎日取り換える。2、３着を着回すより、結果的にこのほうが長持ちし経済的である。

夏場は、クールビズでも着崩しすぎないこと。ネクタイをしていなくても、襟元がだらしなく見えないシャツを選ぶ。

④汚れていない、サイズの合った靴を履いている

男性の場合、靴は紐靴で、色は黒か濃茶が基本。女性の場合も色は黒や濃茶が基本で、歩きやすいローヒールがよい。靴もスーツと同様に5、６足揃え、毎日履き替えると長持ちする。品質の良い靴は値が張るが、修理により長持ちし、履きやすく愛着が湧く。渉外担当者なら、「勝負靴」として1、2足高い靴を持っておくのもいいだろう。

⑤腕時計はシンプルなもの、スーツに馴染むものを身につけている

個性的な文字盤のものや、カジュアルな色味のものを避け、シンプルで見やすいものを選ぶ。腕時計には驚くほど高価なものもあるが、2~3万円のスーツに対し、百万円近くするような腕時計をつけていると、全体の印象がちぐはぐになる。

⑥基本的にアクセサリーは身につけない

男性はもちろん、女性もピアスやイヤリング、ネックレスなどを基本的につけないほうがよい。つける場合には、あまり目立たないものを選ぶ。

手入れが行き届いていない汚れた靴や踵《かかと》がすり減った靴、折り目が消えかかり膝の飛び出たズボン、シワがあり埃・フケ・染みなどが付着したスーツやワイシャツ、ネクタイなどは論外である。このような身なりは渉外活動を行う者としては失格といえる。

このほか、「におい」についても気を付けたい。過度な香水の使用は、それだけでお客様に不快感を与える。

また、夏場に大量に汗をかいた後のにおいは、自分ではそれほど気にならなくても、他人にとっては不快でしかない。例えば、着替え用の下着、ワイシャツ、タオルなどを準備しておき、午前の活動終了後に一度タオルで体を拭き、下着とワイシャツを取り換えて午後の活動に入るということも1つの方法だ。

こうすることで、心身ともにリフレッシュすることができ、午後からの活動に前向きな姿勢で取り組めるというメリットもある。

なお、最近では様々な香りの制汗剤や消臭剤なども出回っているが、製品によっては使用したことでかえって嫌悪感を抱かせてしまうこともあるので、注意したほうがよい。こうした製品を使用する場合は、無香料や、香りの薄いものを使うのが望ましい。

いずれにしても、お客様に不快感を与えるような身なりはマナー違反である。渉外担当者なら、外見で個性を出すよりも、中身の個性を磨いていくことだ。

❸ 爽やかな挨拶で良い印象を残す

第一印象を決める最初の3分間のうち、第二のステップは挨拶だ。

訪問先では「おはようございます」「こんにちは」「ごめんください」などのフレー

ズで第一声を切り出すが、このときの「声の感じ」が大変重要である。大きすぎず、小さすぎず、なるべく自然で、明るく爽やかな感じの第一声を心がけることが大切だ。

社会人ならできて当たり前と思うかもしれないが、挨拶ができていない人は意外と多い。もごもごと口ごもり、何を言っているのか分からなかったり、そもそも職場でも朝の挨拶がきちんとできていなかったりする。

渉外活動の経験が浅い若い人ほど、元気で爽やかな挨拶ができることは、大きな武器になるということを意識してみてほしい。

挨拶が良くてもすぐに面談できるとは限らないが、ハキハキと自然な挨拶ができれば、お客様には良い印象が残る。面談ができない場合には、いたずらに時間をかけることは避け、良い印象を残して次回の訪問につなげるように手短に応対すればよい。

❹ 肝心なのは「応接態度」

第一印象を決める最後のステップは、応接態度である。

「見た目の清潔感」と「挨拶」は瞬間的に「感じが良い／悪い」と判断される。その後、「応接態度」によって、少し時間をかけて印象が定着する。

お客様に「応接態度の良さ」を印象づけるのは、次のようなポイントである。

【応接態度の良さを印象づける5つのポイント】

①お辞儀の姿勢が良い

「良いお辞儀」とは「美しい姿勢」のお辞儀である。お辞儀のポイントを説明すると、①あごを引いて手は太ももの両脇に添える、②腰から前へ体を倒し、45度の位置で2秒ほど停止、③そこからゆっくり体を戻す…といったことになるが、あまりこうしたことを意識しすぎると、かえってぎこちないお辞儀となり、お客様に不自然な印象を与えてしまう。

日頃、例えばデスクワークのときなどでも背筋を伸ばし、正しい姿勢を保てるように意識するほうが、自然で美しく見えるお辞儀ができるようになる。肝心なことは、形式ばかりに捉われるのではなく、お客様に対して心から敬意を表する、時間を取ってもらったことに感謝をするといった気持ちを持つということである。

②歯切れのよい（ハキハキとした）話し方

性格が原因か、あるいは自分に自信のないことが原因か定かではないが、渉外担当者の中には、はっきりしない話し方の人がいる。これでは、お客様に話の内容がうまく伝わらず、渉外活動が不調に終わってしまう場合がある。

自分ではきちんと話しているつもりでも、電話応対やお客様との面談で何度も聞き返されるような人は要注意。早急に改善が必要だ。

話し方は癖のようなものなので、ひと口に改善と言っても難しいかもしれないが、ロールプレイングの積み重ね、先輩・上司との同行訪問などにより、日々地道な練習を重ねていくことが最善の方法といえる。

③お客様の目をしっかり見る

面談中は、お客様の目をしっかり見る。こちらが話しているときは「あなたに向けて話していますよ」、話を聞いているときは「真剣に聞いていますよ」ということを、目で伝えることができる。

ただし、お客様の中には、じっと見つめられることで、かえって圧迫感を受けてしまう人もいる。お客様の目を見て話をしているときに、何度も目を逸らしたり、そわそわしているように見える場合は、あまり長い時間見つめることはせず、要所要所だけ目を見るようにするとよいだろう。

④話し過ぎず、お客様の話をきちんと聞く

渉外活動においては、「話すこと」よりも「聞くこと」のほうが大切である。

お客様は金融機関をはじめとする営業担当者と日常的に接点を持っている。忙しい中、長話をしたり、しつこく粘って勧誘を行う営業には、嫌気が差していることだろう。訪問目的などは、手短に伝えること。お客様が置かれている状況（時間があるかないか）を的確に察知し、ダラダラとした面談にならないよう努めたい。

お客様が話しているときは、途中で遮ったり話を変えたりせず、きちんと最後まで聞く。「話し上手より聞き上手になれ」、これが渉外活動の鉄則である。

⑤お客様に嫌な顔を見せない

お客様が金融機関（渉外担当者）に対して望むことは、「自分の立場に立って考え

てくれる」「気軽に相談できて話しやすい」「いつでもスピーディーに対応してくれる」といったことだろう。

こうしたことが実行できている渉外担当者は、お客様からの信頼が厚く、たとえ他の金融機関が低金利などの有利な条件を提示したとしても、心が動くことは少ない。

渉外活動の中では、お客様の話がなかなか終わらず、自分が話したいことをなかなか切り出せずにイライラしてしまうような瞬間もあるかもしれない。また、融資につながらないような細かなお願いごとをされ、心の中で面倒に感じてしまうこともあるだろう。

しかし、どんなときでも「嫌な顔」を見せてはいけない。一度悪い印象がついてしまうと、それを覆すのは容易ではない。

❺ 靴を脱ぐときは正しい作法で

訪問先によっては、靴を脱いで会社内あるいは個人宅に上がる場合がある。訪問先企業で下駄箱があれば所定の場所に置き、ない場合には玄関に靴を揃えて置く。

個人宅の玄関などで靴を脱ぐとき、後ろ向きで脱ぐ人がいるが、これは間違い。お客様にお尻を見せてはいけない。正面を向いて脱ぎ、かがんで靴を揃えるときも、お尻を向けないよう、お客様に対して身体が斜めになるようにする。

お子さんがいる個人宅などでは、玄関内に靴やサンダルなどが散乱しているような場合もある。そうした靴もさりげなく一緒に揃えておくと、「金融機関の行職員は教育が行き届いている」と良い印象を与えることができる。

なお、靴を脱ぐ・脱がないにかかわらず、訪問先へ伺う場合は、社内や玄関を汚すことのないよう注意したい。雨の日など、靴の汚れは入り口前で落とし、きれいな状態にしておく。泥を落とすためのヘラや、汚れを拭くためのダスターなどを携行しておくとよい。

❻ 従業員にもきちんと挨拶する

社長と面談する前に、社内の廊下等で従業員と目が合う、あるいはすれ違うことが多々ある。このような場合でも必ず気持ちのよい挨拶を心がける。

オフィス内を通る場合などに、従業員のデスクから距離がある状況で目が合った場合には、明るい感じの笑顔で軽く会釈をする。距離が近ければ、「おはようございます」「こんにちは」「いつもお世話になっております」などのフレーズで簡単な挨拶を行う。いずれの場合も、歩きながらの会釈、挨拶ではなく、一旦立ち止まってから行うことが望ましい。歩きながらの挨拶では、あまり良い印象を与えられない。

日頃から訪問先の従業員に対しても感じの良い挨拶を心がけていれば、やがては職域セールスを通じた従業員取引で成果を上げられるだろう。会社全体の取引密度が高ければ高いほど、メイン化につながる。

❼ 応接室では座るタイミングと席次に注意

訪問先で応接室に入るパターンには2通りある。1つは受付してくれた従業員が案内してくれる場合、もう1つは社長が案内してくれる場合である。

前者の場合は、従業員に「お掛けになってお待ちください」と言われてから、指定された椅子に座って社長が来るのを待つ。社長が入室してきたら、すぐに椅子から立ち上がりお辞儀をして、挨拶、名刺交換を行う。挨拶が済んだら、社長が「どうぞお掛けください」と言うのを待ち、椅子に座る。

後者の場合は、応接室に入ってからお辞儀・挨拶・名刺交換を行う。この場合も、「どうぞお掛けください」と言われるまでは座らないこと。

基本的には入口から遠い席が上座、入口に近い席が下座である。長いテーブルに片側3名以上で席に着く場合は、一番中央が上座となる。本来、訪問先では一番下座に座るのが望ましい。

ただし実際には、「あちらにお掛けください」と上座を案内されることも少なくない。その場合は上座に座っても問題ない。

椅子に座っている時には背筋を伸ばした姿勢を保ち、深く腰掛けすぎないこと。腕や脚を組んで面談するのは当然マナー違反である。

❽ 名刺交換は先手必勝！

名刺はお客様より先に出す。これが何よりの基本。名刺は自分の〝分身〟である。

渡す際には胸より上で、目線はお客様に合わせ、お客様の名刺の上を通さないようにする。

名刺を受け取るときは「頂戴いたします」と言って内容を確認し、読みにくい名前の場合は、その場で確認しておく。

もらった名刺は名刺入れの上に置くか、相手が複数であれば席の順に並べておくが、面談中に何度も名刺の名前を確認するのはよくない。お客様に「名前ぐらいすぐに覚えられないのか」という不信感を与えてしまう。

初対面の場合でも、最低3回は会話の中でお客様の名前を口に出すようにする。お客様は自分に興味を持ってくれる相手に自然と好印象を抱く。名前を口に出し、覚えることが、信頼関係を築く第一歩である。

❾ お茶は「どうぞ」と言われてから

訪問先でお茶が出される場合も2通りある。1つは、応接室で社長を待っている間にお茶を出された場合。この場合は従業員の方が退室するのを待ち、遠慮なくいただけばよい。せっかく出していただいたのだから、温かいものは温かいうちに、冷たいものは冷たいうちに飲むのが礼儀である。

もう1つは、社長と面談している最中にお茶が運ばれてきた場合だ。この場合は、社長が「どうぞ」と言うまでは飲んではいけない。

ただし、社長が話に夢中になりすぎたり、「どうぞ」と言うのを忘れていることもあるので、お茶が運ばれてきてから3分以上過ぎても勧められない場合は、「せっかくですから頂戴いたします」とひと言伝えてからいただく。

なお、いただいたお茶は、退室までに原則残さず飲んだほうがよい。

また、茶托にお茶をこぼして汚した場合には、ポケットティッシュ等で拭き綺麗にしておく。蓋つきのお茶碗の場合には、飲み終わった後は必ず蓋をする。いずれにしても、だらしのない飲み方は社会人として失格だ。

⑩ 第一印象と同じくらい大切な退出時の印象

訪問活動では始めの印象も大切だが、終わりの印象も同じくらい大切である。次回の訪問を快く迎えていただくためにも、丁寧な挨拶が必要だ。

例えば、「本日は貴重なお時間を頂戴し、ありがとうございました。それでは、また○○日にお伺いします。どうぞよろしくお願いいたします」「本日はありがとうございました。社長のお話、大変勉強になりました。次回○○日にお目にかかれることを楽しみにしています。それでは失礼いたします」など、貴重な時間を割いて面談してくれたことに対して心から謝意を述べるとともに、きちんとお辞儀をする。

帰る際にも従業員の前や受付を通る場合は、訪問時と同様、挨拶を忘れずに。訪問先の会社や個人宅を出た後も、他の社員や家族などに見られている場合があるので、急に姿勢を崩したり、態度を変えたりしないように注意したい。

⓫ 断られたときは粘らない

新規訪問の場合、アポを取らないで訪問活動を行うことも多いだろう。会社の受付や個人宅のインターフォン越しに断られても、それを当然として受け止める心構えが必要だ。そういう強い気持ちがないと、訪問活動は続かない。

訪問先の都合を確認し、決して無理な面談を要求せずに次の機会を待つことが肝要である。

特に、迷惑な顔をされたり、話す余地もなくきっぱりと断られたような場合は、次回の訪問には余程の注意を払うことが必要だ。無理に訪問すれば、クレームに発展する場合もあるため、状況を見極めながら丁寧にお詫びを申し上げ、ケースによっては訪問を中止する。

立て続けに断られても、それを負担に思わず、気持ちを強く持って次の新しい出会いに進みたい。壁にぶつかったり悩んだりした場合には、一人で悩まず、上司・先輩・同僚などに相談しアドバイスをもらえばいい。

身一つで飛び込み訪問を繰り返し、話を聞いてもらえないと、孤独を感じることもあるだろうが、決してあなたは一人で渉外活動をしているわけではない。共に働く仲間がいることを忘れてはならない。これは、筆者が渉外担当者としての現役時代、常に心に留めていたことでもある。

3　渉外活動実践のために必要な7つのこと

❶ 業務知識と専門知識を身につけよ

改めて言うまでもないが、金融機関における渉外活動とは、地域の企業や個人が必要とする各種金融サービス等のニーズを探り、その実現に努めることである。金融を通じて地域社会の発展に貢献することは、ひいては自行庫の発展にも寄与することになる。

渉外活動は「毎日が勉強」だ。筆者が現役時代、上司に教えられた言葉がある。「短期間で多くの知識を身につけるというのは無理な話だ。1日に1つ勉強するという気持ちを持て。1日に1つ、1カ月に30、1年に365。3年経てば1095のことが勉強できる。人生、終わるまで勉強だよ」

涉外活動で成果を上げるには、業務知識や専門知識が必要なのは言うまでもない。訪問先で良い第一印象を与え、問題なく面談が進んで行っても、知識不足のために肝心なところで受け応えに行き詰まってしまっては、信用・信頼を得ることはできない。金融機関人としての一般的な業務知識（預金・融資・為替等の基本的な業務知識）、専門知識（財務・税務・信用保証・不動産等の業務知識）を習得しておく必要がある。

当然、自行庫が扱う金融商品は正確に理解しておかなければならない。金融商品は頻繁に入れ替わり、期間限定の商品などもあるが、お客様にとってのメリット、デメリットを把握し、分かりやすく説明できるようにしておく。

曖昧な回答をしたり、知ったかぶりをすることは一番やってはいけない。豊富な知識に裏打ちされたアドバイスや提案こそ、説得力を持つというものだ。

❷ 財務分析能力を高めよ

企業で決算書を渡されたときに、その場で内容について簡単なヒアリングができる程度の能力を養っておかなければならない。決算書を受け取り、「ありがとうございます」とお礼を言ってすぐに鞄に入れてしまっては、「この担当者は決算書を渡すという重要な行為を理解していないのではないか」と、取引先に失望感を抱かせてしまう。決算書は、「企業の鏡」と言われるように、企業の1年間の活動成果であり最重要秘密情報である。そうした訪問先の思いをしっかり汲み取って決算書を受け取り、必要に応じてヒアリングを行うことが大切だ。これは、渉外担当者としてのマナーともいえる。

【決算書受取り時にヒアリングすべき主な項目】

①貸借対照表

・流動資産項目の現預金・売掛金・棚卸資産などの増減要因
・固定資産項目の土地建物・車両運搬具・投資有価証券などの増減要因
・不良資産の有無（回収不能と見込まれる売掛金・仮払金・長短貸付金・未収金等、資産価値に懸念がある棚卸資産・投資有価証券等）　など

②損益計算書

・売上高、売上原価の増減要因
・各段階の損益の増減要因　など

③キャッシュフロー計算書

キャッシュの増減要因が「営業活動」「投資活動」「財務活動」のどれによるものか。中小企業では、キャッシュフロー計算書まで作成していることは少ないため、いったん決算書類を持ち帰って分析し、改めてヒアリングを行う。

❸ 税務知識を習得せよ

実務と関わりの深いものとして、特に相続税・贈与税・不動産の取得および売却に係る知識は押さえておきたい。毎年の税制改正にも注目し、大きな改正だけでも頭に入れておく。

税理士法に抵触するため、お客様からの具体的な税務に関する質問には答えられないが、一般的な知識を伝えることは問題ない。運用商品や住宅ローンの相談などに絡んで、お客様から税金の話が出てきたときに、慌てないようにしておきたい。

相続税・贈与税の計算は難しく感じるかもしれないが、基本を押さえればそれほど複雑ではない。

相続税なら、法定相続人や相続財産の範囲、基礎控除額、遺留分、相続手続きの期限（相続放棄・限定承認・相続税申告期限等）などについて学習しておく。

贈与税については、贈与税の非課税措置（住宅取得資金・教育資金・結婚子育て資金）や相続時精算課税制度などを押さえておけばよいだろう。

不動産関連の税金には、固定資産税、不動産取得税、登録免許税、長期譲渡所得税ならびに短期譲渡所得税などがある。このほか、各種特例についても学習しておく。

❹ 担保不動産の知識を学習せよ

企業への融資では、不動産を担保に取り、融資金の保全を図るケースが頻繁に発生する。また、担保にせずとも、取引先の安全性を確認するため、融資申込先（企業の代表者を含む）が所有する不動産の価値を試算し、資産背景を調査する場合がある。

住宅ローンの場合は、基本的に融資物件＝担保物件となるため、担保として適格かどうかということを判断する必要が生じる。

担保不動産にかかる書類は、金融機関に勤めて初めて目にするようなものも多いだろう。地積測量図や公図、建築確認済証、登記事項証明書の見方を押さえておきたい。また、各種契約書（売買契約書、工事請負契約書など）や重要事項説明書の見るべきポイントも理解しておくことが必要だ。

これらの資料は相互に関連性が高く、しっかり見るにはある程度の「慣れ」も必要になる。様々な物件資料に触れ、学習を繰り返す中で、担保不動産を見る目が養われる。

❺ 信用保証協会を使いこなせ

信用保証協会は、中小企業や事業者が融資を受けたい場合、担保がなくても融資が受けられるよう中小企業や事業者の信用を補完する機関である。

多くの中小企業や事業者がこの信用保証協会を利用しており、スムーズな資金調達が可能になるケースも多いため、受付申込から保証承諾に至るまでの流れを学習しておく。

なお、実務では、保証には一般保証制度と特別枠保証制度があるので、保証利用条件を十分確認することが必要だ。

❻ 日々自己研鑽により能力を高めよ

ここまで述べた各種の知識と同様、日々の自己研鑽により高めたい能力がある。それは、営業トーク力とプレゼンテーション力（提案力）である。どちらも渉外担当者には欠かせない能力であるが、そう簡単に身につくものではない。

これらの能力を高めるには、机上の学習よりも、現場で場数を踏むことが何よりも大切だ。本書の後半では様々なトークを紹介しているが、ただ本を読んでいるだけではトーク力を磨くことはできない。渉外活動の中で実際に使ってみて、お客様の様々な反応を見ながら、自分のものにしていくことが必要だ。

プレゼンテーション力を高めるのは、トーク力を高めることよりも難しいかもしれない。お客様に適時適切な提案をするためには、豊富な知識もさることながら、何よりお客様をよく知ることが必要になる。失敗も含め様々な経験を積みながら、お客様と信頼関係を築いていってほしい。

最初は目に見える成果が上がらなくても、根気よく渉外活動を続けていれば、必ずこれらの能力は徐々に向上していく。焦ることなく、向上心を持って自己研鑽に努めることだ。

❼ 分からないことは持ち帰り、次に活かせ

渉外活動に必要な様々な知識を挙げたが、これらの内容をすべて頭の中に入れておく必要はない。

分からないこと、自信がないことについては、その場で回答せず、一度持ち帰って、改めて回答すればよい。「誠に申し訳ありませんが、勉強不足のためこの場ではお答えできません。至急調べてからお答えいたしますので、しばらくのご猶予をお願いいたします」とはっきり伝えれば、嫌な顔をするお客様は少ないだろう。

このひと言がなかなか言えず、「お客様から聞かれたことには、すぐに答えないといけない」という思い込みをしている人がいるが、前述したとおり、曖昧な回答をしたり、知ったかぶりをするのが一番よくない。お客様に対しては、常に誠実かつ真摯な行動を心がけることが大切だ。

すぐに答えられず申し訳ないと思ったなら、勉強して次の機会に活かせばよい。お客様によく聞かれるような内容を整理して自分専用のファイルを作成したり、顧客向けに使える資料が行内にあるなら、それを使ってうまく説明できるよう練習する。

第２章

成果を上げるコミュニケーション術

渉外活動は「話すこと」と「聞くこと」で成り立っている。お客様に好印象を与えるビジネス・コミュニケーションを身につけてほしい。

1 話し方・聞き方の基本8箇条

❶ 前向きな話・後ろ向きな話を同じ調子で話さない

第1章の「応接態度」についての項目で、渉外担当者は歯切れのよい（ハキハキした）話し方のほうがよいと述べたが、状況によっては、話し方を変える必要がある。

前向きな内容の話（例えば企業や社長を褒めるような話など）の場合は、ストレートな言い方で自ら思ったこと、感じたことを話しても差し支えなく、何か問題が発生するというような心配はない。

ただし、相手はお客様であることを決して忘れず、敬意を払い、十分にマナーを心得た話し方をすること。たまに、懇意にしている取引先の社長などに対し、馴れ馴れしい話し方をする担当者を見かけるが、節度をわきまえなくてはならない。

後ろ向きな内容の話（例えば融資の謝絶やクレームの謝罪など）の場合は、あまりに歯切れがよすぎると、不信感や嫌悪感を抱かれることもある。できる限り冷静な姿勢を崩さず、柔らかな表現を使うようにし、相手の立場に立った配慮ある話し方をすることが大切だ。

❷ クッション言葉を活用せよ

お客様とのコミュニケーションにおける言葉の使い方はとても重要だ。言葉の使い方によって、受ける印象に大きな違いが生じる。

要件をストレートに伝えたほうがよい場合もあるが、話の内容によっては「クッション言葉」を使うことで、お客様への心遣いを表すことができる。「クッション言葉」とは、お客様に依頼やお断りをする際、会話の初めにつけて表現を柔らかくする効果のある言葉のこと。次のようなものが挙げられる。

【お客様との面談で使える「クッション言葉」】

・お忙しいところ（誠に）申し訳ありませんが

・恐れ入りますが
・誠に（大変）恐縮ですが
・差し支えなければ
・失礼いたしますが（失礼とは存じますが）
・あいにくですが
・お手数（ご面倒）をお掛けいたしますが
・できましたら（できることなら）
・（もし）よろしければ
・大変（甚だ）申し上げにくいのですが

いずれにしても、ただ会話の前につければいいというものではなく、お客様に対し、心から思いやりを持って使うことが大切だ。

また、多用するとかえって不自然になることもある。重要な場面で適切に使ってこそ、「クッション言葉」を使う意味がある。

❸ 話の始めは雑談から

たとえ既存先であっても、面談の第一声は多少なりとも緊張する。新規先の場合は言うまでもないだろう。

緊張しているのはあなただけではなく、お客様にとっても同じこと。緊張感を取り除き、会話をスムーズに進めるためにも、雑談から入ることをすすめる。雑談には、①お客様との距離を縮める、②お客様から聞きたいことを引き出すためのきっかけを作る、という２つの効果がある。

雑談はあくまでも本題に入るための導線であることから、長くても5分ぐらいまでが適当だ。雑談が長すぎて面談時間がなくなってしまえば本末転倒であり、何のための訪問か分からなくなるので、調子に乗って話し過ぎないよう注意が必要だ。

筆者がよく雑談として取り上げていたのは、①天気・季節の話題、②その日のニュース（お客様が関心を持っていると思われるニュースソースから）、③出身地（何か共通点を見い出した場合など）や家族の話題、④景気動向・業界の情報（事業に影響しそうな話題を掘り下げる）などである。

例えば、天候に影響を受ける事業を営む会社の場合なら、「このところ大雨が続きましたが、影響はいかがでしょうか？」といった問いかけをしてみてもいいし、業界の動向から雑談を展開するなら、「原材料の○○が高騰しているようですが、御社はどのように対応されているのですか？」という質問でもいい。

個人宅なら、「最近野菜が高いですね」「もうお子さんは小学校に上がられるのではないですか？」といった話題でもいいし、地域で人気のお店など、雑談のネタはいろいろある。

いずれにせよ、担当している地域や個々のお客様に関心を持つことで、雑談にも幅が出てくる。

❹ 雑談の話材は事前準備し、訪問先でも見つけよ

慣れないうちは、雑談の話材をその場でパッと思いつくことは難しい。

事前準備として、新聞や雑誌、テレビ、ラジオなどで常に情報収集しておくことを

心がけたい。新聞は一般紙でも最低限の情報収集はできるが、より専門的で詳細な情報を得るためには、日本経済新聞・日刊工業新聞ほか、業界専門紙の購読をすすめたい。

また、訪問先においても様々なところに雑談の話材がある。

例えば企業なら、社内に掲げてある表彰状や感謝状、公的認証のほか、事務所内・工場内等の整理整頓状況、社屋・工場内の緑地等の維持・管理状況、従業員のマナーが行き届いていることなども話材になる。

個人宅では、周辺環境の変化、庭やプランターに咲いている植物や自家栽培している野菜、子供の玩具類・自転車、玄関に飾ってある絵画や写真などが挙げられる。こうした身近な話材は、お客様に親近感を持ってもらうきっかけにもなるので、周囲に目を配り、話材の収集に努めたい。

❺ ユーモアをまぜて話せ

訪問活動の初期の段階では、お客様と距離を縮め、親近感を持ってもらうことが面談の目的と言ってもいい。

始めから終わりまで堅い話で面談が進み、お互いに一度も笑顔が出ないような状況では、なかなか親近感は生まれない。話の流れの中にちょっとした隙間を見つけ、ユーモアをまぜることができれば、お客様との距離を縮めることができる。

ひと言に「ユーモアをまぜる」と言ってもなかなか難しいが、日頃からユーモアのネタを探していると、「使えるフレーズ」や「使えるトピック」が入ってくるようになる。何かに的を絞るというわけではなく、新聞、ラジオ、テレビ、本、映画、舞台、コンサートなど、様々なものに触れていれば、その中にユーモアのネタがあることに気づく。「これは面白いフレーズだな」「お客様との会話に使えそうだな」と思うものがあれば、自分だけの「ネタ帳」を作ってメモしておくとよい。

固定観念に縛られているとユーモアは生まれない。思いもよらない言い回しや、意外な切り口からのものの見方などをできるだけたくさん見聞きすることが、ユーモアのセンスを磨く近道だ。自分とちょっと考え方の違う友人や、年上、年下の人と過ごしてみるのもいいだろう。

誰かをけなしたり、下品な言葉で笑わせるのはユーモアではない。ユーモアには「知性」が必要と言える。

❻ 真剣に話を聞き、相槌を打て

渉外活動においては、「話すこと」よりも「聞くこと」のほうが大切だと前に述べた。話を聞く際には、「この担当者は当社に関心を寄せている」とお客様に思ってもらうことが大切である。真剣に話を聞いているか、聞いていないかというのはすぐに相手に伝わるものである。「お客様のことを知りたい」「是非とも取引を開始したい」と思うのであれば、聞く姿勢にも注意が必要だ。

お客様があなたと話しているとき、あなたが無表情で何も言葉を発さなければ、お客様は「自分の話に興味や関心がないのだな」と思うだろう。渉外担当者として悪い印象が残り、それ以上面談の機会をつくってもらえないかもしれない。

こうした悪い印象を与えないためにも、お客様の話を聞くときには必ず相槌を打つことが必要だ。お客様の話に対してうなずくだけでなく、「なるほど」「そうでしたか」「おっしゃるとおりだと思います」「素晴らしいお考えですね」「良いアイデアだと思います」「勉強になります」といった言葉をタイミングよく発すると好印象を与えられる。

話の内容によっては、こちらから積極的に質問を投げかけてもよい。分からないことや自分が「もっと知りたい」と思うことを深掘りすることで、関心の高さを示すことができる。

❼ 宿題を探せ

渉外活動の目的は自行庫との取引開始、取引拡大にある。その目的のために様々な工夫をしてお客様に面談の機会を設けてもらうわけだが、1回限りの面談で目的を果たせることはほとんどない。

1回目の面談終了までに次回訪問の約束ができなければ、その段階で渉外活動が中断するか終了してしまう。

次回訪問の約束を取り付けるためには、「宿題」を見つけることが大切だ。宿題とは、「次回までに〇〇について調べてきます」とか、「次回は〇〇についての情報をお持ちします」というように、再度訪問するための目的・用件となるもののことである。

1回目の訪問では、お客様にとって魅力があると思われる制度融資商品の案内や、自行庫の発行する経済動向レポートの提供、セミナーの案内をすることなどが考えられるが、これらはあくまで担当者サイドからの提案に過ぎない。できれば面談の中でお客様のニーズ（必要としている情報）を探り出し、その情報を次回訪問時に提供することを宿題とさせてもらうことで、アポイントを取るのが望ましい。

中小企業の経営者は、常に何らかの問題や課題を抱えている。1回目の面談で問題・課題を把握するのは難しいかもしれないが、「現在、何か特にお知りになりたいことはございませんでしょうか」といった問いかけをすれば、意外と答えてくれることもある。言うまでもなく、このような質問に至るまでに〝良い印象〟を持ってもらっていることが前提だ。

経営者は孤独で、良い相談相手がいないという悩みをもつ人が多い。一度でも面談の機会をつくってもらえたということは、何か悩みや問題があり、相談相手を探しているのかもしれない。

どんな小さなことでもいいので、お客様が「知りたい」と思っていることを持ち帰ることが大切だ。「もっと詳しい資料をお持ちします」でも「（その場で答えられないことなどを）次回までにお調べしてきます」でもいいので、次回訪問の目的を伝え、継続的な訪問活動につなげたい。

❽ 必ずメモを用意し記録せよ

真剣に聞いていることを示すもう1つの手段に、「メモを取る」ことがある。これにより、お客様に「熱心に私の話を聞いてくれている」「真面目で誠実そうだ」という良い印象を与えることができる。

様々なお客様と面談していると、重要な話は覚えていても、小さな話題や細部に及ぶことまでは忘れてしまう。メモをしておけば、後で見返して、後日何らかの機会に話題として出すことが可能になる。融資や新規取引に直接つながらないような話であっても、メモの内容から、次回の面談につながるきっかけを見つけられることもあるだろう。

また、お客様も自分の言ったことを忘れてしまうことがあるが、「私のノートには○月○日の面談の際、このようなお話を伺ったとの記録があるのですが」というように、重要な場面で役立つ場合がある。

ただし、お客様によってはメモを取られることを嫌う場合があるので、前もってお客様の承諾を得ておくことが必要だ。

2 経営者とのコミュニケーションを深めるコツ

❶ 企業を知るための事前準備を怠るな

経営者とコミュニケーションを深めるのに何より大切なことは、企業を知るということである。渉外活動で成果を上げるには、事前準備をしっかり行うことが必要だ。すでに自行庫と取引のある先なら、「取引先概要表」などで事業内容や現在、過去の取引を調べておく。融資取引があることを知らずに訪問するというのは問題外である。お客様は、「担当者なのにそんなことも知らないなんて」と一気に失望してしまうだろう。

新規開拓先の場合は事前に得られる情報は少ないが、信用調査会社のデータや会社のホームページなどから、できる限りの情報収集を行ってから訪問する。事前に情報を得ることでスムーズな会話が展開でき、「関心を持ってくれている」と好印象を与えられる。

渉外担当者が関心を持っていない先とは信頼関係を築くことはできない。事前準備で得た小さな情報から思わぬ展開につながることもあるので、この基本を怠らないようにしてほしい。

❷ お客様が必要とする情報にアンテナを張る

中小企業は大手企業と比べると情報収集力が低いため、金融機関からもたらされる情報への期待値は高い。情報提供を行う場合は、お客様のニーズに適ったものであることが大前提である。お客様にとって「ムダ」な情報を提供していては、信頼感を得ることはできない。

金融機関としては融資による資金面の支援ができるのが一番いいが、経営サポートに関わる情報を提供することも、大切な役割の1つといえる。中小企業が必要としている情報としては、①中小企業向けの融資・リース・保証制度、②補助金・助成金、③税制優遇制度、④セミナー・研修・イベント関連、⑤その他法律等に基づく支援制度などが挙げられる。

お客様に必要な情報を提供することができれば、継続的な取引にもつながるし、融資以外の相談もしてもらいやすくなる。中小企業経営者とのコミュニケーションを円滑に進めるには、日頃から経営者が興味のありそうなことにアンテナを張り、それについて勉強することが必要だ。

以下に、渉外活動に役立ち、中小企業経営者に対しても紹介できそうな情報サイト等を挙げておく。

【中小企業の経営サポートに関する情報サイト】

①ミラサポ

https://www.mirasapo.jp/

中小企業庁が、委託事業として、中小企業・小規模事業者に役立つ公的機関の支援情報・支援施策（補助金・助成金など）の情報提供や、経営の悩みに対する先輩経営者や専門家などの情報交換の場を提供するサイト。

取り上げられている項目は「税制改正」「消費税転嫁対策」「補助金・助成金」「金融・税制」「専門家の活用」「創業・起業」「人材・採用」など多岐にわたっている。

ミラサポのメールマガジンに登録すると、中小企業・小規模事業者の経営をバックアップする情報が原則毎日（土日祝除く）配信される。「情報は欲しいが、インターネットで調べるのは面倒」「忙しくて時間がない」という経営者には便利。

② J-Net21

http://j-net21.smrj.go.jp/index.html

「J-Net21」は、中小企業基盤整備機構が運営する中小企業のビジネスを支援するポータルサイト。公的機関の支援情報を中心に、経営に関するQ＆Aや数多くの企業事例などを調べることができる。そのほか、全国の中小企業向け施策を毎日配信する「支援情報ヘッドライン」、「中小企業ニュース」など、最新の情報を掲載している。

「おすすめコンテンツ」では、「支援情報ヘッドライン（セミナー・イベント、助成制度・

公募、調査・報告書・お知らせ）」、「J-Net21クイック検索（ビジネスQ＆A、中小企業の税金と会計、法律コラム）」、「企業事例（元気のある中小企業事例、施策を活用した企業事例、そのほかの企業事例）」を掲載している。

③経済産業省ホームページ

http://www.meti.go.jp/

補助金の情報は経済産業省のサイトでいち早く確認できる。補助金・助成金は、条件を満たせば国や地方公共団体から受け取ることができるもので、融資と違って返済不要なため、興味を持っている経営者は多い。

補助金と助成金の違いは、補助金が予算の関係上採択数が確定しており、申請しても受け取れない場合があるのに対し、助成金は要件を満たせば誰でも受け取ることができるという点。この違いを理解しておく必要がある。

④中小企業施策利用ガイドブック

http://www.chusho.meti.go.jp/pamflet/g_book/h29/（平成29年度版）

「中小企業施策利用ガイドブック」は、中小企業者を支援するために、経営改善・資金繰り支援対策、震災対策などの施策を利用する際の手引書である。中小企業庁が発行しており、ホームページでは全ページPDFで公開されている。冊子がほしい場合はホームページ上で請求するか、地域の経済産業局、商工会議所などで入手できる。

経営サポート（技術力の強化、創業・ベンチャー支援、経営革新支援、新たな事業活動支援、雇用・人材支援など）、金融サポート（融資制度、保証制度）、財務サポート（税制、会計、事業承継）、商業・地域サポートなどのカテゴリー別に、様々な課題に対する支援策がまとめられている。

⑤中小企業実態基本調査（中小企業庁）

http://www.chusho.meti.go.jp/koukai/chousa/kihon/

中小企業全般に共通する財務情報、経営情報及び設備投資の動向等を把握するため、中小企業の経営実態を調査し、その結果を公表している。調査は年1回で、翌年の3月に速報、7月に確報が公開される。

⑥小企業の業種別経営指標（日本政策金融公庫）
https://www.jfc.go.jp/n/findings/sme_findings2.html
日本政策金融公庫が融資を行った企業のうち、従業者数が50人未満の企業について、業種別の各種経営指標を調査し、公開するもの。毎年10月ごろ公表される。

❸「資金のご用はございませんか」はNGフレーズ

融資をセールスする際、いきなり「資金のご用はございませんか」というフレーズを使う担当者がいるが、これでは単なる〝御用聞き〟と同じである。「今のところ用はない」と言われてしまえばそれまでで、次回の訪問につなげることもできず、その場で面談が終わってしまう。

融資をセールスする際には、資金繰り等についてある程度「仮説」を立て、それに基づいて具体的なセールスを行うことが鉄則である。基本的に最初は運転資金を切り口としてセールスを行うことになるが、実態把握を行い、的を絞った提案をしたい。

ひと言で運転資金といってもその種類は様々だが、基本は「経常運転資金」である。

資金繰りが順調に回っていると思われる企業でも、実態を調べると、もっと適切な方法での資金調達が可能なケースもある。経常運転資金については、次のような点を中心に検証が可能なので、覚えておきたい。

【経常運転資金の検証ポイント】

①収支ズレ期間に基づく検証

通常、企業の営業活動では、売上が現金回収される前に必ず仕入現金支払いが先行する。この現金収入と現金支払いのタイミングのズレを「収支ズレ」という。

収支ズレをできるだけ的確に把握することが資金ニーズ発掘の起点となるので、ここはしっかりと確認したい。収支ズレ相当額に加え、月商３カ月分程度のゆとりを持った運転資金が確保できていることが理想的であり、不足している場合には融資セールスの糸口になる。

②運転資金借入れに約定返済条件が付いているか

運転資金は安定的に投入され続ける必要があり、借入れで賄っている場合には約定返済すべきではない。本来なら、利払いだけで済む経常運転資金融資（＝短期継続融資）として融資するのが理想的な形である。

将来、手持ち資金に相当額のゆとりが出てきた場合には、内入れ（一部返済）により、借入金の負担ならびに支払利息の軽減を図る。できる限り、取引先のキャッシュフローに合った無理のない融資条件にするのが金融機関の基本的な役割である。

このキャッシュフローの基本を無視して運転資金に約定返済が付されている場合、それによって生じる運転資金不足を、賞与資金や納税資金のような期間６カ月程度の季節資金で埋める習慣が根付いていることが実態である。賞与資金や納税資金は売上総利益の中から支払われる性格のため、収支ズレ分さえ安定的に資金供給されていれば、本来は借りる必要がないものである。

このように、運転資金に約定返済が付されていることで、資金繰りが複雑になり、正常に事業を営んでいるのに余裕がない状況になっているケースがある。こうした状況は肩代わりの有効な攻め口になるので、特に注視したい。

また、運転資金の借入れが複数あるような場合には、「借入金の一本化」という提案につなげることもできる。

第3章

新規開拓先での「超」基本のトーク

新規開拓活動は、常に取引の見込み度を判断しながら、効率良く行わねばならない。新規開拓先での基本のトークを時系列で解説する。

法人編

1 新規訪問時の「話し方」

❶ 飛び込み訪問で受付担当者に挨拶する

「こんにちは。○○銀行○○支店の○○と申します（名刺を差し出す）。突然で申し訳ございませんが、地区担当者としてのご挨拶を兼ねまして、御社にメリットのある情報のご案内に伺いました。恐れ入りますが、社長様にお目に掛かりたいのですが、お取り次ぎいただけませんでしょうか」

●解　説●

挨拶はなるべく短く、「まず先に身分を明かす」→「突然の訪問であることへのお詫び」→「訪問目的を伝える」という手順とする。社長が不在の場合には、「それでは、経理担当責任者の方はいらっしゃいますか」と続け、取り次いでいただけるようお願いしてみる。

❷ 運よく社長と面談ができたとき

「初めまして。〇〇銀行〇〇支店の〇〇と申します。突然の訪問で恐縮ですが、本日は地区担当者としてのご挨拶を兼ねまして御社にメリットのある情報のご案内に伺いました。これまで当行とはご縁がなく、大変残念に思っています。今日の日をご縁にどうぞよろしくお願いいいたします」

●解　説●

初回訪問では挨拶がメインとなるが、提供する情報もなく、行き当たりばったりでは話が続かない。こちらの都合で訪問し、貴重な時間を頂戴するのだから、少しでもお客様にメリットのある情報を提供することを心がけたい。そこから話が進めば、お客様の情報を収集することにもつながる。

例えば、挨拶に続けて期間限定の制度融資商品のチラシを持参し、「こちらは期間限定の融資商品でございます。低金利で大変お得な商品ですので、ぜひご検討くださ い」と言って手渡す。1枚のチラシであっても、お客様の反応は様々である。「低金利」に反応する社長もいれば、「融資は間に合っている」と言う社長もいるだろう。その反応から、次回訪問につながる話題（宿題）を拾うことができれば、次のアポイントも取りやすくなる。

初回訪問時の面談時間は原則10分～15分程度が目安。くれぐれも長話にならないよう心がけることが大切だ。

❸ 社長や経理担当者と面談できないとき

「それでは大変恐れ入りますが、後日にアポを取ってからお伺いいたしますので、この名刺を社長様にお渡しいただけますでしょうか。本日はご挨拶を兼ね、御社にメリットのある情報をお伝えに伺いましたとお伝えくださいませ。突然の訪問で、大変失礼いたしました」

解説

アポなしの突然の訪問では面談の確率は極めて低いが、もとより面談できなくて当たり前、面談できれば「ラッキー」という考え方で訪問する。面談を目的として事前に電話でアポをお願いしたとしても、ほとんどの場合断られるため、偵察を兼ねてアポなしで訪問を行う。

面談ができなくても、受付担当者に名刺を渡し伝言を依頼すれば、面談目的を社長に伝え、後日改めて電話でアポを取って訪問するというシナリオができる。

アポなし訪問はお客様に対して大変失礼な行為である。最後に、突然の訪問をお詫びするひと言を添えるのを忘れてはいけない。

「不在」と言われた場合でも、実は社長や経理担当責任者は社内にいて、かつ、急ぎの用事もないのに断られることも多々ある。そうしたことを踏まえたうえで、後日面談が実現した場合には、「先日はお忙しい中、突然の訪問で大変失礼いたしました。本日は貴重なお時間を頂戴いたしましてありがとうございます」と、お詫びとお礼を申し上げる。

後日、電話によりアポを取る際のトークは次のとおり。

「こんにちは（おはようございます）。私は、〇〇日にお伺いいたしました〇〇銀行〇〇支店の〇〇と申します。先日は、突然お伺いして大変失礼いたしました。早速でございますが、改めてご挨拶に伺い、御社にメリットのある商品などをご紹介したいのですが、ご都合の良い日はございませんでしょうか。お時間は15分程度で済みますので、よろしくお願いいたします」

❹ 最後に面談のお礼を伝える

「本日は大変お忙しい中、貴重なお時間を頂戴し誠にありがとうございました。社長のお話、大変勉強になりました。今後は、少しでも御社のお役に立つ情報の提供に努

めて参りますので、どうかこれをご縁によろしくお願い申し上げます。次回、〇〇日にお目にかかれることを楽しみにしております」

● 解　説 ●

面談が終了し退席する際は、次回の面談の際に気持ち良く迎え入れてもらうためにも、好印象を残すことが大切だ。そのためには、面談のお礼に加え、お客様に対し高い関心があることを示す言葉を付け加えるとよい。

次回のアポについても、ただ「次回は〇〇日にお伺いします」と伝えるより、「お目にかかれることを楽しみにしております」と伝えたほうが、好印象を与えることができる。

2　2回目訪問以降の「話し方」

❶ 前回訪問時の質問に対して回答する

「先日はお忙しい中、お時間をいただきありがとうございました。本日は、前回いただいた質問に対する回答をご報告に伺いました。よろしくお願いいたします」

解説

2回目以降の訪問では、すでにお客様と面識があるため、必要以上に丁寧な挨拶をする必要はない。

初回訪問時と違い、お互いにリラックスして面談を始めることができると思うので、本題に入る前に軽い雑談をまじえてもよいだろう。

初回訪問時に宿題（質問）をいただいた場合、2回目の訪問では、その回答についいての話が中心になる。ここでさらに次回訪問につながる質問が出れば申し分ないが、毎回そのような展開になるとは限らないので、無理に探そうとする必要はない。

面談中にお客様からの質問がなく、それ以上話が展開しない場合には、事前準備しておいた適当な話材をピックアップし、次回訪問につなげる。金利情報や自行庫独自の統計情報、税制改正の情報などの中から、お客様の関心が高そうなものを示してみるとよい。

❷ 制度融資商品を案内する

「こちらの商品は当行が開発した融資商品でございまして、３点、大きな特徴がございます。３点とは、無担保・無保証・低金利ということです。これまでの融資商品に比べ、大変ご利用しやすくなっております。それぞれの点について、詳しく説明させていただきます」

●解説●

具体的な融資商品の案内をする際は、いかにしてお客様に興味を持ってもらえるかということを考えなければならない。

各金融機関の融資商品には、突出した特徴があるわけではない。お客様もそのあたりは十分承知しており、「金融機関はどこも似たり寄ったりだ」と思いつつ話を聞いている経営者が多いのが実態である。

ただ「当行が開発した融資商品を紹介する」と言っても興味を持ってもらえることは少ないが、「○点、大きな特徴がございます」「その特徴は…」と展開することで、多少なりとも注意を引くことができる。

しかし、それだけでは新規取引を開始してもらうことは難しいのが現実だ。大切なのは「融資商品」以外の取引メリットを知っていただくことである。

例えば、毎月1回以上の定例訪問活動により、様々な情報提供が行えることや、各種相談窓口が充実しており、融資以外の専門的なアドバイスが可能なこと。お客様が取引しているメイン行の業態が自行庫と異なっている場合には、活動方針の違いなどをPRすることも1つの戦略になる。

❸ セールスした融資商品を断られたとき

「今のところ資金繰りは順調だということでございますね。かしこまりました。将来資金が必要になったときには是非ご利用いただきたいと思いますので、その際はお気軽にお声をお掛けください。そこで１つお願いがあるのですが、せめて普通預金・積立預金などの預金取引をお考えいただけませんでしょうか」

解説

セールスした融資商品について、現時点でお客様が必要性を感じていない場合には、無理にセールスを続けることは避けなければならない。しかし、ここでセールス活動をやめてしまっては今までの活動が無駄になるので、ここは頭を切り替えて融資商品以外の商品をセールスし、取引開始に結び付けることが必要だ。

取引が開始されれば定例訪問活動を行うことができ、自行庫との取引メリットを知っていただく機会をつくることもできる。最初は普通預金や積立だけの取引であっても、将来融資のニーズが発生することも考えられるので、何かしらの取引を始めてもらうことが大切である。

❹ 訪問をクロージングする

「このたびは普通預金の口座開設と積立預金のご契約、誠にありがとうございました。せっかくのご縁を頂戴いたしましたので、『当行と取引して良かった』と言われるよう、担当者として努めて参りますので、よろしくお願いいたします。今後は各種の情報提供を中心に、毎月1回以上定例的にお伺いいたします。何かご依頼ごと・ご相談ごとがございましたら、随時遠慮なくお申し付けください」

解　説

クロージングは訪問の締めくくりである。何かしらの取引が開始されれば訪問は成功したと言えるが、それで活動が終わったわけではない。本当の渉外活動はこれからが本番だ。

定例訪問活動を通じてお客様と親交を深め、また自行庫との取引メリットを十分に理解していただき、メイン化を推進することこそが本来の目的である。取引が開始されたことに満足せず、これから長い取引が続いていくことを念頭に置いて取引のお礼を伝えたい。

担当者としての思いも交えながら、今後の訪問予定などをきちんと伝える。

❺ 取引が不調に終わったとき

「誠に残念ですが、今回はご縁がなかったということで理解いたしました。また何かの機会にお役に立つことができれば幸いに存じます」

「お忙しい中、たびたび訪問して貴重なお時間を頂戴し、ありがとうございました。せっかくのご縁ですので、今後、お客様にとって有益と思われる情報があればお届けに伺いたいと考えております。是非これだけはお許しいただきたいのですが、いかがでしょうか」

●解説●

取引が不調に終わった場合であっても、これまでの面談に対しての丁寧なお礼をすることが締めくくりの挨拶となる。たとえ今回は取引に結び付かなかったとしても、またタイミングをみて再訪問させていただけるよう、今後につなげるような言葉がけをすることが望ましい。

メイン取引行とのトラブルなど、将来、どのような機会で取引開始のチャンスがあるか分からない。なるべく良い印象で終わることが大切だ。

個人編

1 新規訪問時の「話し方」

❶ 飛び込み訪問で在宅の方に挨拶する

「こんにちは。〇〇銀行〇〇支店の〇〇と申します（名刺を差し出す）。突然の訪問で申し訳ございませんが、地区担当者としてのご挨拶を兼ねまして、お客様にお得な情報をご案内に伺いました。５分か10分程度、お時間を頂戴できませんでしょうか」

●解説●

法人先への新規訪問と同様、挨拶はなるべく短く、「まず先に身分を明かす」→「突然の訪問であることをお詫びする」→「訪問目的を伝える」という流れとなる。

このとき大切なのは、所要時間の目安を伝えることである。「少々お時間を頂戴できませんでしょうか」では、所要時間が曖昧なため、お客様としても「少々」がどのくらいなのか判断できない。具体的な時間を出したほうが、「その程度の時間なら」と面談に応じていただける可能性が高まる。

主婦の方であっても、家にいるからといって暇なわけではない。お客様の貴重な時間をいただくことに対する配慮が必要だ。

❷面談を断られたとき（迷惑そうな顔をされたとき）

「突然の訪問で申し訳ありませんでした。では、名刺とチラシだけでもお受け取りいただけませんでしょうか」

解説

お客様の都合上、訪問した時間帯が悪かった場合、あるいはセールスそのものを嫌っている人などからは、即答で面談を断られるケースが多々ある。

お客様の事情も様々だとは思うが、面談したくない、面談できないということははっきりしているので、無理を言って粘ってはいけない。ここで余計なことを言えば言うほどお客様は悪い印象を抱き、再訪問のチャンスも断たれてしまう。

このような場合、突然の訪問の失礼をお詫びし、名刺とチラシ等だけでも受け取っていただけないかどうか尋ねる。受け取っていただける場合でも、手渡してお礼を言う程度に留めたほうがよい。

また、不在の場合はポストに名刺とチラシ等を投函するが、名刺の余白には日付と「お目にかかれず残念でした」「ローンのご案内に伺いました」など簡単なメッセージを書いておくとよい。何も書いていないとそのまま捨てられることが多いが、手書きの文章があることで、目を留めてもらうことができる。面談したい気持ちも伝わるので、ぜひ励行したい。

なお、どうしても面談したいお客様の場合には手紙を書くことも1つの方法である。手紙は長文とならないように配慮し、挨拶、要件、面談の方法などを記載のうえ、名刺・チラシ等を同封する。文例は次のとおり。

拝啓

いつもお世話になりましてありがとうございます。

私、○○銀行○○支店渉外担当の○○と申します。

○月○日、住宅ローンの借換えについてご自宅にご案内に伺いましたが、ご不在のためお目にかかることができず誠に残念でした。

ご案内させていただきます借換え住宅ローンは、お客様にとりまして大変メリットがあると考えております。

お忙しい中大変恐縮ではございますが、一度お目にかかりご説明の機会だけでもいただければ幸いです。

もしご承諾いただければ、ご都合のよい日時を同封の名刺に記載してある電話番号にご連絡いただきたく、よろしくお願い申し上げます。

なお、私が不在の場合には電話受付担当者にご希望の日時を伝えていただければ結構です。その後、私が折り返しご連絡しご確認させていただきますので、何とぞよろしくお願い申し上げます。

突然かつ勝手なお願いで大変失礼とは存じますが、ご検討のほどよろしくお願い申し上げます。

敬具

○○月○○日

○○銀行○○支店

渉外担当係　○○　○○

○○　○○様

2 2回目訪問以降の「話し方」

❶ 具体的にセールスを進める

「先日ご案内させていただいた○○（例・借換えローン）の件ですが、いかがでしたでしょうか。よろしければ、もう少し詳しくご説明させていただきたいのですが」

解説

初回面談時に手交したチラシなどについては、2回目訪問以降に具体的なセールスを進めることになる。「もう少し詳しく説明したい」旨を伝えたとき、お客様の反応としては2通りある。

多少なりとも商品に興味があり、検討してもよいと思っている場合は、そのまま説明を聞いてくれるだろう。一方で、初回訪問ではとりあえず話を聞いてもらえたものの、お客様があまり商品に興味が持てず、必要性も感じていない場合には、ためらう表情をされたり、面談を断られることもある。

お客様がためらっているということは、「説明は聞きたくないが、担当者の気持ちを思うとはっきりと断り切れない」という意思の表れである。その点を忖度《そんたく》して、「ご無理を申しまして大変申し訳ありませんでした。今日はこれで失礼させていただきます。なお、必要があればいつでもご連絡ください」と言って面談を打ち切る。

❷ 家に上がりお茶やお菓子を出された

「どうぞお構いなく」

（「どうぞ」と言われてから）「それでは遠慮なく頂戴いたします」

解説

２回目以降の訪問となると、玄関先ではなく居間などに通していただき、お茶やお菓子を出されることもある。出されたら、「どうぞお構いなく」とひと言添えること。

出された お茶はすぐに飲むのではなく、お客様から「どうぞ」と言われてから頂戴する。この場合、会釈しながら「頂戴いたします」と言葉を添えていただく。3分ほど経過しても「どうぞ」と言われない場合には、「せっかくですから、遠慮なく頂戴いたします」と言葉を添え、会釈しながらいただけばよい。

出されたお茶は残さず飲みほし、「ごちそうさまでした」とお礼を申し上げる。

なお、出されたお茶がおいしければ、「このお茶はとても香りが良く、おいしいお茶でございますね」などと、感じたことをそのまま伝えるとさらに印象が良くなる。

お茶やお菓子を出していただいたのに、何も言わずにただ頂戴するだけでは、お客様に対する配慮が欠落していると言わざるを得ない。

❸ 次回のアポを取る

「本日はお忙しい中、貴重なお時間をいただきありがとうございました。次回は、○○（例・借換えローンの諸費用）について、改めて書面によりご説明したいと思います。ご都合の良い日はございますか」

解　説

２回目以降の訪問でも初回訪問時と同じく、大切なことは必ず次回のアポを取ることである。多くの場合、お客様との面談では、様々な質問が出てくる。質問の内容によっては、その場で即答できるものもあればそうでないものもあるので、即答できないもの、詳細な説明が必要なものについては、それを「宿題」として、次回面談の約束を取りつける。面談中に質問が出た場合には集中して聞き、お客様が何を必要としているか、どういうことを知りたいのかを的確に捉えなければならない。

また、宿題が見つからず次回のアポをとるきっかけがつかめないという場合は、事前に情報提供できる有益な材料を検討しておき、それを次回訪問の際に提供したい旨の話を切り出して、アポを取る。借換えローンの場合であれば、例に挙げたように諸費用の詳細を書面により持参する、シミュレーションの別パターンを示す、といった「材料」をこちらから示すことが大切である。

❹ 決定権のある方との面談のアポをとる

「次回は、ご主人様が早くご帰宅になられる日にお伺いさせていただきます。つきましては、明日お電話をさせていただきますので、ご主人様とご都合のよい日をご相談しておいていただけますか。どうぞよろしくお願いいたします」

解説

ローンなどの商品は、ご主人と奥様の2人で検討・相談することがほとんどなので、お客様の都合に合わせたスケジュールの打ち合わせが必要となる。

平日でご主人が早く帰宅できる日に面談の時間を設けていただくのが望ましいが、なかなか思うように行かないのが現実である。場合によっては、土曜日・日曜日に面談しなければならないこともあるので、上司と相談のうえ、振替休日などで対応することも考えておく必要がある。

❺ 訪問をクロージングする

「住宅ローンの借換えについてはメリットがあまり出ず、今回は残念でしたが、積立をご契約いただきありがとうございます。毎月お伺いすることで、ローン金利の動向やその他の情報をお知らせすることができますので、是非参考にしてください。また、ご家族様からのご相談ごとがございましたら遠慮なくお申し付けください。喜んで承ります」

●解説●

トーク例は、住宅ローンの借換えについては不調に終わったが、積立を新規契約していただいたケースである。当初のセールスの目的であったローン商品などが契約に至らないことも多いと思うが、せっかく面談を重ねたのだから、普通預金・積立預金など何らかの取引を契約していただき、今後につなげたい。取引を開始してもらえればその後の訪問もしやすくなり、継続的な情報提供・情報収集が可能になる。何らかの契約をいただけた場合は、丁寧なお礼を述べ、今後の訪問予定などを伝えておく。

また、当初案内したものがその時点では不要な商品だったとしても、将来の金利の変動、家族状況の変化などによって、お客様のニーズを満たす商品になることは十分考えられる。そのときに声をかけてもらえるようにしておくことが、最善のクロージングである。

第４章

場面別 最強の 渉外トーク ＜法人編＞

法人先での様々な場面における、具体的な「話し方」「聞き方」を紹介。社長の心をつかみ、スムーズに面談を進めるためのコツをつかんでほしい。

1　お客様と信頼関係を築く「話し方」「聞き方」

❶ 着任の挨拶

「このたびの人事異動で御社を担当させていただくことになりました、〇〇と申します。精一杯努めて参りますので、どうぞよろしくお願いいたします。前任者からの引き継ぎは漏れなく行っておりますので、ご安心ください。前任の△△同様、引き続きお付き合いくださいますよう、お願い申し上げます」

解説

新たに着任した店舗で、前任者が担当していたお客様を引き継ぐ場合、優先して取り組まなければならないことは、なるべく早くお客様と心を通わせることである。少しでも早くお客様と信頼関係を結ぶことができれば、仕事も円滑に進められる。

お客様にとっては、気心が知れた前任担当者の転勤を残念に思っているはずであり、後任の渉外担当者に対しては、果たして前任者と同じような付き合い方ができるかどうか、多少なりとも心配している。第一印象で決まるということは前に述べたが、最初の挨拶で「前任の担当者より良い／悪い」と評価されてしまうこともあるので、明るく、ハキハキと挨拶することが大切だ。

また、「お客様に関しての引き継ぎは漏れなく行っておりますので、どうぞご安心ください」とひと言添えることにより、お客様の不安を払拭することができる。着任の挨拶の際には添えたい言葉である。

❷ 経営理念について聞く

「そちらに御社の経営理念が掲げられていますが、大変ご立派な内容で感心しております。御社が長い間、地域の産業の発展にご尽力されてきたことをこの経営理念によ

り十分理解することができました。失礼ですが、これは社長さんのお考えということでよろしいのでしょうか」

●解説●

社長室等に経営理念や社訓が掲げられている場合、それはそのまま社長の考え方である場合が多い。「これは社長さんのお考えということでよろしいのでしょうか」と尋ね、経営理念に込めた思いや背景を聞いてみると、様々な話に展開する。設立時の裏話や、これまでの苦労話を聞かせていただいたときには、「良い勉強をさせていただきました。ありがとうございます」とお礼を言うこと。

創業者である先代の社長が考えたというような場合は、「そうでしたか。先代の社長さんのお考えでしたか。この経営理念を今日まで○○社長がしっかりと受け継いで来られたというわけですね。これまで事業を継続し、かつ発展させてきた背景にはさぞ多くのご苦労がおありになったと思います」「長い間、御社の業績が順調に推移してきた理由がこの経営理念にあることがよく分かりました」などと伝える。

❸ 取引先からの感謝状などを話題にする

「そちらに感謝状が掲げられていますが、お取引先からのものですか。御社がお取引先に対して大きく貢献していることがよく分かります。やはり、長年にわたって培われた御社の技術力は、お取引先からも信頼を得ているのですね。当行も御社に負けないよう、地域に貢献すべく頑張って参りたいと思いますので、何かございましたらどうぞ遠慮なくお申し付けください」

解　説

感謝状が掲げられている場合、どこからもらったものなのかを確認する。感謝状は信頼と実績の証ともいえ、社長が誇りに思っているからこそ掲げられているので、素直な褒め言葉をかけるとよい。

ただ褒めるだけではなく、「御社に負けないよう頑張りたい」などと自分の仕事への思いにつなげることで、さらに好印象を与えることができるだろう。「これからも御社のお役に立てるよう積極的に取り組みたい」「今後とも御社の発展に貢献したい」といった言葉でもよい。

❹ ＩＳＯの認証登録証を話題にする

「玄関にＩＳＯの認証がありましたが、ＩＳＯ９００１とＩＳＯ１４００１の２つを取得されているのはさすがですね。御社はお取引先との兼ね合いから輸出にも関係しているということですから、ＩＳＯの認証取得は重要な意味がありますよね。御社の業績が順調に推移している要因は、こうした努力の積み重ねであるということがよく分かります」

●• 解説 •●

ＩＳＯとは、国際標準化機構のことで、文字どおり、国際的な規格を策定するための組織である。このＩＳＯの認証を取得しているということは、国際ルールに基づき、要求されている事項をクリアしているということになるため、取引先からの信頼を得る要因の１つとなる。

主なものを挙げると、ISO９００１は品質管理、ISO１４００１は環境管理（環境保護）、ISO２７００１は情報セキュリティ、ISO２２０００は食品安全に関する認証である。１つひとつ覚える必要はないが、この認証が社長室や玄関など、社内の目立つところに掲げられている場合は、ぜひ、褒める話題として取り上げたい。

❺ 社内全体が整理・整頓されていることを褒める

「お見受けしたところ、社内全体が整理・整頓されていることに驚きました。これまで多くの会社にお伺いいたしましたが、御社ほど社内全体が整理・整頓されているところは初めてです」

「これは社長さんの指導・教育が行き届いている証左と言えると思います。それと、従業員の皆様が社長さんの経営方針をよく理解しているからだと思います。やはり、業績の良い企業は社内全体の整理・整頓も行き届いているということがよく分かりました」

●解説●

社内・工場などの整理整頓、清掃状況などを話題とすることでも、親近感を深めることができる。業績が順調な企業は隅々まで掃除が行き届いているが、反対に業績が芳しくない企業は行き届いていないことが多い。社内の清掃状況は、経営に余裕があるかないかという目安にもなるため、企業訪問時には注視することが必要だ。

また、敷地内の植栽の手入れが行き届いているようなケースでは、「いつも植栽の手入れが行き届いていて気持ちがいいですね。四季折々の季節感を感じて、心が和みます」といった言葉をかける。植栽も、社内の清掃状況と同様、経営に余裕があることの証左である。

❻ 従業員のマナーの良さを褒める

「従業員の皆様は、いつも礼儀正しくマナーが良いですね。御社を訪問するたび、従業員の皆様のマナーが良いということを大変強く感じます。明るい声と笑顔の挨拶がとても素晴らしく、本当に感激しています」

「これは日頃の社長さんの従業員に対する教育が行き届いているという証左だと思っています。決算書を拝見しなくても、これだけで御社の業績が順調なことを感じ取ることができます」

解　説

大抵の人は褒められれば悪い気はしない。たとえ本人のことでなくても、うれしく感じるものである。

この事例では従業員のマナーを褒めながら、従業員の教育に前向きに取り組んでいる社長のことも褒めている。これにより社長の自尊心をくすぐることになり、親近感を深める要素となることは間違いない。

また、「従業員の皆様」ではなく、いつも応対してくれる特定の従業員を褒めることもできる。「ご担当の○○様ですが、愛社精神旺盛で大変優秀な方とお見受けしました。いつも親切に対応していただき、心から感謝しています」「御社には○○様をはじめ、仕事に対し積極的な姿勢に溢れた方が多くいらっしゃり、私にとっても大変刺激になります」など、特定の人を出して褒めれば、より親近感を深めることができるだろう。

❼ 決算書を渡されたとき

「ありがとうございます。謹んで拝見いたします。この経済情勢の中、前期も様々な出来事がありご苦労された1年間だったと思います。社長さんから見て、前期はどのような1年だったと思われますか。差し支えなければ、全体的なご感想をお聞かせください」

解説

決算書は企業の鏡であり、企業にとって最も重要な秘密書類である。業績の内容は別にしても、企業が1年間頑張ってきた実績であることには変わりなく、経営者である社長にはそれなりの思い入れがあるので、受け取ったらまず心からのお礼と労《ねぎら》いの言葉をかけたい。

そのうえで、決算書を見ながら1年間の成果などをヒアリングする。パッと見て何から聞けばよいか迷うことも多いと思うので、まずは社長に対し「どのような1年間だったか」と尋ね、そこから掘り下げていくとスムーズに話を進めることができる。

詳細なヒアリングを行うにあたっては、売上・利益・経費・その他特別勘定などの中から特に目立つ項目について質問を行うとよい。そのほか、前々期決算との比較を交えた質問などができれば、「当社のことをよく把握している」「当社に興味・関心がある」など、好印象を与えることができる。

決算書をよく見ることもせず、ただ受け取るだけでは失礼極まりなく、渉外担当者としても失格である。「この担当者は、企業の決算書の重要性を理解していない」「当社の業績にまったく関心がない」と思われても仕方がない。決算書を受け取るという行為を当たり前と考えず、敬意を持って対応することが望ましい。

❽ 取引先を紹介されたとき

「願ってもないことで、誠にありがとうございます。心からお礼を申し上げます。ご紹介先の企業と御社はどのような関係なのか、教えていただけますでしょうか」

「せっかくのご紹介ですから、ご紹介先のお役に立てるよう精いっぱい努めますので、今後ともご支援・ご指導のほどよろしくお願いいたします」

解説

既存取引先から新たな企業を紹介された場合は、まずは紹介していただいたことにお礼を申し上げる。取引先を紹介されるということは、それだけ信頼してもらえていることの証でもあるので、渉外担当者にとっては願ってもない話である。

ただし、注意すべきこともあるので、その点を念頭に置いて確認を行う。まず、既存取引先と、紹介された企業との関係は最低限聞いておきたい。加えて、紹介された企業とメイン金融機関ならびにその他金融機関との取引の状況（円滑に取引が行われているのか）、紹介された企業が自行庫に対し何を望んでいるのかなどもできる限り聞いておく。

一般的に考えれば、各企業はメイン・準メイン・その他の金融機関とすでに取引がある。そうした中、他の企業から金融機関の紹介を受けなければならない理由とは何か、その点が重要なポイントである。

考えられる理由は様々だが、特に、取引金融機関とのトラブル等が原因で、新規の金融機関を探しているようなケースでは、注意が必要である。

したがって、紹介された企業の実態によっては、要望に応えられない場合があることも事前に了承していただく。丁寧にお礼を伝えた後は、「調査の結果、万が一ご紹介先の経営状況が芳しくないというような場合には、ご要望にお応えできないこともありますので、その点はご了承ください」とひと言添えておくことも大切だ。

❾ 転勤の挨拶

「今日は転勤のご挨拶にお伺いいたしました。至らない点も多々あったかと思いますが、在任中は何かとお世話になり、ありがとうございました。すでにご依頼をいただいている件につきましては、後任の担当者に引き継いでおりますので、どうぞご心配なさいませんよう、よろしくお願いいたします。陰ながら御社の益々のご発展と、社長さんをはじめ従業員の皆様のご健勝をお祈り申し上げております」

解説

転勤の際には、担当したすべてのお客様にご挨拶しなければならない。在任中お世話になったことに対して、心からのお礼の言葉を伝える。

お客様からすでに依頼されていることや相談を受けていることなどがあり、在任中に区切りがつかなかった場合には、お客様としてはそれがきちんと引き継ぎされているかどうかが非常に心配である。後任の担当者に漏れなく引き継ぎを行っている旨の報告は、転勤の挨拶での重要なポイントである。

2　社長への関心の高さを示す「話し方」「聞き方」

❶ 社長の健康面の心配ごとについて聞く

「今のところ健康面でのご心配はございませんか？」

（何もない場合）「社長さんぐらいの年齢になりますと、どこか具合の悪いところが１つや２つあるのが普通かと思いますが、悪いところがまったくないということは誠に喜ばしい限りですね。何か、特に気を付けていることはございますか？」

（病気などの話題になった場合）「これまで心身ともにご無理をされてきたということなんでしょうね。どうぞご自愛ください」

● 解説 ●

高齢者にとって健康面の話は共通の興味であり、また悩みでもある。日本人の平均寿命が男女とも80歳を超えた現在、健康上の問題がなく、元気な状態で暮らせる「健康寿命」をのばしたいと、誰もが思っていることだろう。

病気の話などになると気が引けると思うかもしれないが、現役でバリバリ社長職をやっているということは、健康的で悩みがないか、病気があっても心配するほどのことではないというケースがほとんどである。健康面を話題にすることで、「自分(社長)の健康を心配してくれている」と思ってもらうことができれば、親近感を深められる。

なお、病気などの話題から後継者問題に踏み込むことも考えられるので、そのことも念頭に置いて話を進めていきたい。

❷ 社長の名字や出身地を話題にする

「ところで少し気になっていたのですが、社長さんの○○という名字は、このあたりではあまりお見かけしませんが、どちらのご出身か、差し支えなければ教えていただけませんでしょうか」
「さようでございますか。ご出身地では多い名字なのですね。１つ勉強になりました」

解説

面談途中で話題に詰まったら、社長の姓（名字）の由来あるいは出身地を聞いてみるとよい。これらの話題には広がりが期待でき、社長の故郷の風習や幼いころの思い出話など、話の内容によっては親近感が生まれる。こうした流れになった場合は、社長に多く話をさせ、聞き役に回ることだ。

もし共通の出身地だった場合は、地元の話で一気に距離感が縮まることもある。名刺交換した直後など、場が緊張しているときにも使える話題なので、覚えておきたい。

❸ 社長が経験談（昔話）を話し始めた

「社長さんもずいぶんとご苦労されたのですね。そうした様々なご苦労があって、今日があるというわけですね。長い間本当に頑張ってこられたことに、改めて敬意を表したいと思います。このお話を伺ったことで、御社のこれまでの経緯や社長さんのご苦労がよく分かりました。おかげさまで良い勉強をさせていただきました」

● 解　説 ●

中小企業の社長は、個人差はあるものの、それぞれの社長なりの苦労を重ねて現在の地位を築くに至っていると考えられる。二代目以降の社長にもそれなりの苦労はあるが、特に創業社長の場合は、人には言えないような大変な苦労をしている場合も多い。相談したくても相談する相手がいない、あるいは頼りたくても頼れる相手がいないというような状況の中でも、それを克服して何とかやってきているのである。それだけに、自らの力で会社を築き上げてきたという自負心も強いので、その心情を理解して話を聞くことが必要だ。

厳しい経済環境の中で生き残ってきた中小企業の社長の経験談は、渉外担当者にとっても勉強になる。単なる「昔話」「苦労話」と捉えず、人生の先輩から人生哲学を学ばせてもらうという姿勢で、真摯に耳を傾けることが必要だ。

社長が経験談（昔話）を話し始めたら、とにかく聞くことに徹することである。時には相槌を打ったり質問をしたりして、興味や関心を持っているという姿勢を示すことも大切だ。

こうした話は、創業から今日に至るまでの企業の沿革につながるので、貴重な定性情報を収集することにもなる。社長の話からは、ホームページの「会社沿革」などには載っていないエピソードも知ることができるだろう。

❹ 社長が自慢話を始めた

「さすが社長さんですね。ずいぶんと悩まれたこともあったかと思いますが、ここまで本業一筋でやり通して来られたことは大変ご立派なことだと、強く感じました。社長さんの経営哲学、大いに勉強になりました。ありがとうございました」

● 解説 ●

「昔話」「自慢話」「病気・健康の話」の3つは、「年寄りの三大話」とされるもので、年齢を重ねた社長の話題はこれらが中心になる。

若いあなたには苦痛に感じられるかもしれないが、これらはどれも気軽に話せる話題であり、本人の自己満足あるいはストレス解消などにもつながるので、真剣に話を聞くことだ。特に自慢話の場合は、社長を満足させることが最も大切といえる。

ただし、あまりに話が長くなるようであれば、タイミングを見て話を切り上げてもらうための工夫も必要だ。「もっとお話をお聞きしたいのですが、他のお客様とのお約束の時間が迫っております。誠に申し訳ございませんが、続きは次回の時にまたお聞かせいただけますでしょうか」と言えば、悪い気はしない。くれぐれも社長の心証を害することのないよう、配慮ある伝え方をしなければならない。

❺ 社長の自家用車が新しくなっている

「駐車場に停めてあるお車、拝見いたしました。素晴らしい車ですね。最新型でしょうから、まだこのあたりでは見かけたことがありません。私たち庶民にとっては夢のような車です。かなり高額なのではないですか」

「ところで失礼を承知でお伺いいたしますが、資金はどのようにご準備なされたのですか？」

●解　説●

社長が自家用車で通勤していて、その車が買換えなどで新しくなった場合は、積極的に話題にしたい。特に高級車の場合、考えられる買換えの要因としては、①企業の業績が好調である、②社長は車が趣味で、かつ新しい物好きである、③見栄っ張りの性格である、などがある。新車を褒めながら社長の自尊心をくすぐることで、親近感を深めることができるだろう。

資金をディーラーローンで借りている場合は、自行のカーローンの金利などを示し、次回以降の買換えでは検討対象にしていただくことをお願いする。

1つ問題なのは、企業の業績が不調であるにもかかわらず、社長が頻繁に高級車に買い換えていたり、高額なローンを組んで趣味の車にお金をかけたりしているようなケースである。家族経営のような会社では、社長の自己資金と会社の資金の線引きが明確に行われておらず、最悪の場合、自家用車買換えのための資金を、融資金などで賄っているケースもあるので注意が必要だ。このような「放漫経営」では、事業の継続性にも疑問符がつく。

そもそも、会社が経営不振のときに、高級車に買い換えるような社長では、その見識を疑わざるを得ず、今後取引を継続していくかどうかは改めて考え直す必要がある。

❻ 企業の創立（設立）記念日をお祝いする

「本日は創立○○周年を迎えられ、誠におめでとうございます。創業○○年とひと口に言いますが、大変素晴らしい実績だと思います。厳しい経済環境の中、社長さんをはじめとした皆様のご努力の積み重ねで今日まで至ったということに、心から敬意を表したいと思います。これからも益々のご発展を祈念申し上げます」

解説

一般的に、多くの企業は創立（設立）記念日を大切にしており、従業員に記念品を配布したり、何らかの祝賀行事を行ったりしている。特に、何十周年など節目の年にあたる場合には、相応の記念行事を行う場合が多い。

このようなお祝いの当日には、ひと言祝辞を伝えに訪問し、祝意を表すことが必要だ。また、特別な行事が開催される場合には、上司と相談のうえ祝電やお祝いの花などを贈ることも考えたい。特に記念行事等がない場合には、直近の平日に祝辞だけでも伝えておく。

訪問当日は社長が不在の場合もあるので、そのときには経理担当者など他の役職員に対し、訪問した目的を社長に伝えていただくようお願いする。社長不在の場合に備え、事前にお祝いの手紙を用意しておくことも1つの方法である。

なお、記念日当日が休日にあたる場合でも、特別な行事があるような場合には、祝辞を伝えに訪問したほうがよい。

ただし、これらはすべて、個々の企業に対する取組み方針や取引状況に応じて行うものであり、必ずしも全企業に対して行うものではない。対象先については上司と相談のうえ決定することになる。また、訪問に際しても担当者単独で行くのか、あるいは上司に同行してもらうのか指示を仰ぐ必要があるが、最低でも渉外担当者として祝辞を述べるぐらいのことは実行したい。

いずれにしても、企業にとって創立記念日は重要な意味を持っているため、あらかじめ調べておくことが大切だ。こうした心遣いにより、取引先企業との信頼関係が強固になっていくのである。

❼ 社長の誕生日をお祝いする

「確か、今日は社長さんのお誕生日ではないですか。おめでとうございます。〇〇歳をお迎えになられたのですね。年齢よりもずいぶん若くお見えになります。若さの秘訣を教えていただけませんか？」

「御社が益々発展していくためにも、社長さんにはまだまだ現役で頑張っていただかなければなりません。どうかいつまでもお元気でお仕事をお続けいただきますよう、引き続き健康管理には十分ご留意ください」

●解説●

創立記念日と同様、社長の誕生日当日にはお祝いを述べるとともに、必要に応じて祝電やお祝いのお花を渡すことも必要だ。誕生日当日が休日の場合は、その前後の訪問の際にお祝いの言葉を伝えたり、場合によっては手紙を用意することなども考えたい。

また、社長の年齢が話題になることで事業承継の話につなげるチャンスでもあるので、タイミングを見ながら話を切り替え、ニーズを探ることも必要である。

なお、女性社長の場合は、「私も今日で○○歳になりましてね。本当に1年が過ぎるのが早くて困ってしまいます」などと、社長から年齢の話題が出たときにはトーク例のような話し方でお祝いを述べるが、そうでないときにはあえてこちらから年齢の話には触れないほうがよい。

もし話をするようであれば（仮に、社長が50歳を過ぎているような年齢の場合）、「私は、女性は50歳からは年をとらないと思っていますから、『何歳になられましたか』などという野暮な質問をしないことにしています」と、軽いジョークでその場の雰囲気を和ませるような心遣いが必要である。

❽ 社長が節目の年齢を迎えるのをお祝いする

「確か、社長さんは今度の誕生日で喜寿をお迎えになられるのではないですか。おめでとうございます。それにいたしましても、いつもお元気でハツラツとしていらっしゃいますので、とても喜寿になられるとは思えません。まだまだお若い年齢ですから、どうぞこれからもお仕事に〇〇（ゴルフなどの趣味）に、是非頑張っていただきたいと思います」

解説

人の一生にはそれぞれ節目の行事がある。中でも、数え年61歳（満60歳）の還暦から始まる節目の年の長寿の祝い事（年祝）は多く、経営者の年齢に応じてチェックしておきたい。

還暦の後は、70歳の古希、77歳の喜寿、80歳の傘寿、88歳の米寿、90歳の卒寿、99歳の白寿、１００歳の紀寿（百寿…ももじゅとも言う）、１０８歳の茶寿、１１１歳の皇寿、１２０歳の大還暦と続いていく。なお、年祝は数え年により行うが、満年齢で行うこともあるので確認が必要だ。

いずれにせよ、健康でこれらの年齢を迎えたことはおめでたいことには違いないので、祝意を表すことが必要である。

他の金融機関の担当者がこうしたことをしっかり覚えていてお祝いの言葉を述べているのに、お祝いをするどころか、社長がいくつになるのかも知らないというようでは、その後の取引が縮小していくことになるかもしれない。誕生日に加え、社長の年齢はきちんとチェックしておきたい。

❾ 社長のご子息・ご令嬢の結婚をお祝いする

「ご長男の〇〇様がご結婚されるのですね。それはおめでとうございます。心からお祝いを申し上げます。以前から社長さんはご長男のご結婚について心配されているようでしたので、これで一安心というところでございますね。ご結婚式はいつ頃のご予定でしょうか？」

●解説●

社長のお子さんが結婚するという情報を入手した場合には、当然祝意を表すことが必要である。基本的な考え方は先に述べた「創立記念日」や「社長の誕生日」と同じである。

なお、取引先によっては結婚式に上司（支店長）が招待されることもあるので、当事者のプロフィールや結婚相手のこと、日時、式場などが分かれば速やかに上司に報告する。

また、ご子息・ご令嬢が会社内にいる場合には、本人と面談できるようなら、ひと言祝辞を伝えることでさらに印象が良くなる。特にご子息の場合には、社長の後継者となる可能性も高いので、それなりの配慮が必要である。社長に対し「ご本人にも後ほどお祝いを申し上げに伺ってもよろしいでしょうか」と聞き、直接お祝いの言葉を伝えられるとよいだろう。

いずれにしても社長の兄弟や家族構成などについては、どういった話につながるか分からないので、関心を持って情報を収集することが大切である。

⑩ 社長にお孫さんが生まれたことをお祝いする

「お孫さんのお誕生、おめでとうございます。心からお祝いを申し上げます。よろしければ写真を見せていただけませんか？」

「とてもかわいいですね。女の子ですか？――そうですか、男の子ですか。優しくかわいらしい顔をしていますから、てっきり女の子なのかと思いました。素敵な『イケメン』になりそうですね」

解説

孫の誕生は自分の子供の誕生とはまた違った特別な喜びであり、これは孫を持ったものでなければ分からない。人によっては、自分の子供の誕生よりも、孫の誕生のほうが喜びは大きいと言う。

若い渉外担当者にはこのあたりの感覚が分からず共感しにくいかもしれないが、社長にとっては大変喜ばしいことなので、心からお祝いの気持ちを伝える。

写真を見せてもらったとき、お孫さんが男の子か女の子か分からない場合は、必ず「女の子ですか?」と聞く。女の子ならば「やはりそうですね。優しい顔をしていますからすぐに分かりますね」と褒めることができるし、もし男の子であったとしても、「優しくかわいらしい顔をしていますから、てっきり女の子だと思いました」「女の子のようなとてもきれいな顔立ちですね」と褒めることができる。

どこか1つでも社長に似ていると思われるようなところがあれば、「目元が社長にそっくりではないですか」「どことなく雰囲気が社長に似ていますね」といったことを伝えても喜ばれるだろう。

⑪ 社長夫妻が銀婚式・金婚式を迎えたことをお祝いする

「銀婚式をお迎えになられたのでございますか。それはおめでとうございます。お仕事のこと、お子様のこと、健康のことなど、これまでに様々なご苦労がおありになったと思いますが、お二人で頑張って今日の日を迎えられたことに敬意を表しますとともに、心からお祝いを申し上げます」

●解説●

結婚して25年経った記念のお祝いが銀婚式で、50年が金婚式である。夫婦の人生における記念すべきお祝いなので、相応の取引関係にあるお客様には祝意を伝えたい。

25年、50年という間共に過ごしてきたということは、様々な苦労を一緒に乗り越えてきたということである。お互いへの配慮、支えがなければ、それだけの期間夫婦でいることはできない。

最近では、日本人の男女の平均寿命が共に80歳以上になっているが、無事に金婚式まで迎えられる夫婦は少ない。金婚式を迎えた夫婦はそれなりに高齢になっているはずであり、会長職などに退いているケースも多いと思うが、「会長さんには会社のご意見番としてまだまだお元気でいただかなければなりません。これからも奥様とともに、くれぐれもご健康にはお気を付けください」などと、心からの敬意とともに伝えられるとよいだろう。

⑫ 社長のご家族（ご両親・奥様等）が亡くなったとき

「ご担当の方から会長（ご尊父）さんが亡くなられたと伺いました。ご愁傷さまでございます。会長さんの元気なお姿が見られなくなるのは寂しい限りで、残念でなりません。衷心よりお悔やみを申し上げます。差し支えなければ後ほどご焼香にお伺いさせていただいてもよろしいでしょうか」

「また、ご葬儀の日取りが決まりましたら教えていただけますでしょうか。よろしければ、受付・会計・ご案内などのお手伝いをさせていただきたいのですが」

解　説

冠婚葬祭はいずれの儀式も大切であるが、慶事よりも弔事のほうが、当事者の心の負担が大きい。つまり、弔事のほうが琴線に大きく触れることになるため、取引先企業でご不幸が発生したような場合には、迅速かつ思いやりのある対応が望まれる。

特に、社長の家族にご不幸があったような場合には、タイミングを逸しないよう適切に対応しなければならない。

相応の取引がある中小企業の社長のご尊父が亡くなられたというような場合には、お悔やみの言葉、枕花の献花、ご焼香、生花・花輪の献花などが必要となる場合がある。また、葬儀に係る受付・会計・案内などのお手伝いをするようなケースもあるので、上司に確認したうえで、積極的に申し出る。

こうした対応により、お客様から感謝されるとともに、信頼関係を強くすることができる。取引先によっては自行庫の役員が参列することもあるので、情報は漏れのないよう報告することが必要だ。

また、葬儀が終わった後でも四十九日（納骨）、百箇日、新盆、一周忌、三回忌など数々の法事が控えているので、取引先に応じてしっかりと記録・管理し、その都度お悔やみの言葉・ご焼香・献花など、思いやりのある行為で対応したい。

なお、これは一般的な仏式の場合の話である。葬儀の仕方にはそれぞれの家庭の宗教に沿ったやり方があるため、そのあたりのことも事前に情報収集しておく必要がある。これを間違えると、取引先との関係にひびが入ることもあるので、葬儀への対応は慎重かつ正確に行うことが必要だ。

⑬ 社長に法事（四十九日・新盆・一周忌・三回忌等）の予定がある

「早いもので会長さんがお亡くなりになって間もなく1年ですね。会長さんが亡くなられたなんて、いまだに実感が湧きません。今でも御社に伺うと、お声をかけていただけるような気がいたします。社長さんも仕事がお忙しい中、会長さんの法事のこともあって、さぞかしお疲れのこととお察しいたしますが、くれぐれも健康にはお気を付けくださいますようお願いいたします」

解説

先の解説でも述べたとおり、葬儀後の法事に対する対応も重要である。相応の取引のある先では、少なくとも三回忌ぐらいまでは対応したい。

これにより、「忘れずによく来てくれた」「さすが地域を大切にする金融機関だ」など良い印象を得ることができ、信頼関係は一層強化される。

また、法事がない年でも、お盆・お彼岸・命日などにはご焼香させていただく心配りも必要だ。これもお客様の琴線に触れる行為であり、時期が近づいたら必ず励行を心掛けたい。

なお、お盆はその地域や家庭により7月もしくは8月（旧盆）と時期が異なるので、事前に確認しておきたい。

3　融資に関連する「話し方」「聞き方」

❶ 融資の申込みがあった

「融資のお申込み、ありがとうございます。お使いみちなど、お申込みの内容についてはよく分かりました。それでは前向きに検討させていただき、また明日お伺いさせていただきます」

解説

日頃の取引ぶりから、訪問先の業績ならびに取引実績、融資の申込内容にまったく問題ないと思われる場合を除き、訪問先から融資申込みの話が出ても、即答することは避けなければならない。

話が出た時点では考えつかないような、受付できない理由が後日明らかになる場合もあり、さらに言えば、融資の可否を決める権限は渉外担当者にはないからである。ただし、融資に消極的だと思われないような配慮ある話し方が必要である。

そこで、「前向きに検討させていただく」というフレーズが役に立つ。これにより、即答を避け、かつ、積極的に進めたいという思いを伝えることができる。

なお、即答できるような優良な訪問先に対しても、基本的には「かしこまりました。お申込みの書類を揃えてまた明日お伺いさせていただきます」と、多少逃げ道を残して回答するのが適切である。

受付時に、曖昧なことを言って誤解を招くような発言は厳に慎むこと。例えば、「分かりました。多分大丈夫だと思います」と無責任なことを言って、融資ができる印象を与えるようなことは避けなければならない。

確認すべきことは多々あるが、最も注意しなければならないことは、「いつ資金が必要か」ということである。たとえ申込内容に特に問題がない場合でも、手続き等の関係から時間に余裕がなく、物理的に間に合わないケースもあるので、きちんと確認しておく。

❷ 融資の回答期限を延ばす

「誠に恐れ入りますが、結論につきましてはもう○日のご猶予をいただけますでしょうか。業績の動向につきまして、詳細に検討させていただいております。私の一存では結論を出すことができませんので、何とぞご理解賜りますよう、よろしくお願いいたします」

● 解説 ●

融資の申込みがあったら、上司と相談のうえ方針を決め、受付する場合には原則翌日には申込書類を持参し受付手続きに入るが、検討に時間を要する場合には、必ず回答期限を伝えて了解を得る。

また、謝絶する場合でも原則翌日か、あるいは回答期限内に伝えることが必要だ。

いずれにしても、融資の話が出たら時間をかけずスピーディーに対応しなければならない。

融資は、お客様が必要な時に必要な金額を提供できれば感謝されるが、謝絶した場合はもちろんのこと、時期を逸した、希望額より減額した、といった場合は信頼関係が失墜し、状況によっては取引が解消となることもある。

融資でトラブルになったお客様は、そのことを決して忘れることはない。取引解消となったお客様と再び取引が開始される可能性はゼロに近いと言っても過言ではなく、融資に関係する「話し方」「聞き方」は、くれぐれも注意しなければならないということを肝に銘じておく必要がある。

❸ 優良なお客様から、即答が必要な融資の申込みを受けた

「ありがとうございます。運転資金で○○万円のお申し込みですね。さっそく手続きを進めたいと思いますが、資金はいつ必要でございますか？　それに間に合うよう、準備いたします」

「なお、金利につきましては、当行の優良なお客様ですから、その点を十分に考慮に

入れたうえで上司と相談し、ご提示させていただきますので、何とぞよろしくお願いいたします」

解説

長年の取引実績からお客様の実態が十分に把握できており、かつその取引内容にもまったく問題がないような優良なお客様で、誰が見ても融資に問題となる点がない場合には、金利等の細かい条件はさておき、まずはご利用いただきたい旨を躊躇なく伝えなければならない。

このようなお客様に対し、融資可否の返事を躊躇したような場合には、お客様の心証を害し、トラブルに発展する恐れがあるので、くれぐれも注意が必要だ。トラブルになれば、その後の取引継続に大きな支障が生じ、取り返しの付かない事態となることも予想される。

お客様としては、メイン金融機関に対し相当の取引実績があるという強い自負があるため、融資は当然受けられるものと思っている。にもかかわらず融資可否の返事を「躊躇した」という印象になれば、お客様はプライドを傷つけられたという思いを持つことになるのである。

「融資の話が出たら原則即答は避ける」ことが基本だと前に述べたが、これはあくまでも一般のお客様に対しての原則論である。お客様の実態やお客様との取引状況などを十分斟酌したうえで、それぞれ臨機応変に対応することが必要だ。

❹ 融資を謝絶する

「今回お申し込みいただいたご融資については、ご利用いただくことができなくなりました。様々な方面から検討させていただきましたが、お役に立てず申し訳ございません。社長さんが大変ご苦労されてここまで頑張ってこられたことは十分承知していますが、これ以上借入金を増やせば、さらに資金繰りに苦しむことになると考えられます。ここで考え方を切り替えて、現実的な再生・再建の道へ方向転換することを検討することも必要ではないでしょうか。当行としては是非お手伝いさせていただきたいのですが、いかがでしょうか」

●解説●

融資の謝絶は、自行庫との取引の縮小や解消、あるいは申込先企業の経営悪化や倒産につながることにもなるので、十分な検討を行い、慎重に決断しなければならない。もちろん、渉外担当者にはその権限はないため、上司の承認が必要である。

融資の謝絶は、申込先企業にとってマイナスの行為と受け止められがちだが、企業の実態によっては、必ずしもそうとは限らない。

融資を受けることはできなかったが、事業規模の縮小を行うことで事業存続の見通しが立ったり、経営改善計画を策定し事業継続の道筋が見えたりすることもある。また、転業・廃業の決断をするための後押しになり、結果的に企業の再生・再建につながることもある。

謝絶した時点ではなかなか理解されにくいが、後日に至ってから理解・感謝されることもあるので、再生・再建の可能性がある企業に対しては、冷静かつ丁寧で思いやりのある説明を行いたい。こうした話は社長が感情的になる恐れもあるので、くれぐれもそうならないよう細心の注意が必要である。

謝絶する場合には、上司に同席してもらうことを徹底する。これは、担当者として説明が不足したような場合、あるいは企業の理解が得られないような場合に、説明を補足してもらうためである。そして、上司が同席・同行することは、申込先企業に対して誠意を示すことにもなる。

また、面談記録を残すことも忘れてはならない。この種の面談については、後日のトラブルも想定して、どのように伝えたのか、社長はどんな反応だったかなど、記録しておくことが大切だ。

❺ 謝絶理由を伝える

「今回お申込みのご融資をお受けできない理由をご説明させていただきます。貴重な時間を割いてお作りいただきました経営改善計画書を中心に分析・検討させていただきましたが、どうしてもご返済の原資を確認することができませんでした。現状では借入金ならびにご返済能力がほぼ限界となっているため、業績が向上するという具体的な材料が見当たらない限り、事業の継続に支障が生じる可能性が高いと考えています。これが今回の融資を受付できない大きな理由でございます」

●解説●

融資の謝絶理由は明確に伝えることが必要である。「理由は申し上げられません」「自行庫の規則ですから」「本部からの決裁が得られなかったものですから」など、謝絶理由を事務的かつ曖昧な言葉で伝えることは、お客様に対してまったく思いやりがなく、不親切かつ不適切である。

このような姿勢で臨めばお客様は絶対に納得せず、不信感だけが残りトラブルに発展する。場合によっては取引そのものが継続できなくなることも考えられるので、お客様の立場に立った、親切・丁寧で思いやりのある対応が望まれる。

具体的には、資金使途、借入金額・借入期間、返済方法、キャッシュフロー、担保・保証、決算内容、企業の将来性・事業継続性などから見て、謝絶に至った要因を分かりやすく説明したうえで納得していただく。ただし、謝絶の理由についてどこまで詳しく説明するかは場合により異なるので、上司に確認しておくことも大切だ。

企業の状況によって、事業規模の縮小、転業・廃業などが最善策と考えられる場合は、踏み込んだ話をしなくてはならない。そういった話を聞いてもらうためにも、謝絶理由の伝え方には注意を払う必要がある。

コラム

筆者の現役時代の話❷

紋切型の対応がクレームに

筆者が、ある営業店の支店長だったころの話である。勤務態度は真面目だが融通が利かないタイプのベテラン渉外担当者が、既存取引先の優良なお客様からの融資申込みに対し、「上司と相談してお返事させていただきます」と返答したため、お客様の怒りを買い、その場で支店長である筆者にクレームの連絡が入ったことがある。

この取引先B社は長年の取引の中でトラブルが生じたことはなく、最近の業績や融資の返済に関しても何ら問題はなかった。にもかかわらず、渉外担当者が何も考えずにただ原則に従って対応したために、クレームとなったのである。

融資申込みにあたっては、「融資予約」にあたるような話し方を避け、慎重に対応することが求められていることと思う。しかし、慎重になりすぎるあまり、融資申込みの話が出ても紋切型の対応しかできないと、長年の信頼関係に傷がつくこともある。

ここで言いたいのは、「上司と相談してお返事させていただきます」という対応が間違いだということではない。原則は原則として、渉外担当者には、取引先に合わせた臨機応変な対応も求められるということである。

B社の社長からは、「顧客を一律に考え、機械的かつ事務的な対応を行っていることに憤慨している。今回のことで〇〇支店の行員の教育が行き届いていないことが分かったので、今後の取引を考え直したい」という話があった。

筆者はすかさずお詫びを申し上げるとともに、すべての責任は私にあるということを伝えた。そして、今後二度と同じことを繰り返さないよう、改めて部下の指導・教育を見直すとともに、徹底して改善を図っていくことを約束し、何とか許していただくことができた。

このお客様は商店街の会長さんであり、地域には大きな影響力を持っている。雄弁で実行力がある反面、プライドが高く頑固な性格でもあった。そうした立場や性格を踏まえれば、今回のような担当者の対応に憤りを感じ、怒って電話をかけてきたのも決して意外なことではなかった。

筆者がお詫びに訪問したのは午前11時だったが、Ｂ社を後にしたのは午後４時を回っていた。長い時間を費やしてやっとお許しいただいたときのホッとした気持ちを、今でも鮮明に覚えている。

4

実態把握・経営サポートのための「話し方」「聞き方」

❶ 詳しく業務内容を聞く

「御社は『精密機械部品の製造および加工』となっていますが、どのようなものをお作りになられているのですか？　よろしければ、拝見できませんでしょうか。不勉強で申し訳ありませんが、専門的なことは難しくて分かりませんので、なるべくやさしく教えていただけるとありがたいのですが」

解説

渉外担当者の中には、取引先の業務内容について「機械部品製造・加工業」とか「飲食業」といったレベルのことしか把握していない人がいる。これでは取引先の理解が不十分で、渉外担当者としては失格と言わざるをえない。

例えば「機械部品製造・加工業」なら、完成品名と、その部品が完成品のどの部分に使われているのかが分からなければならない。使用している素材、部品の形状、大きさ、重さなども、大体のことは知っていることが望ましい。

「飲食業」ならば、懐石料理店、中華料理店、レストラン、カフェ、居酒屋、バーなど、非常に幅広いので、より具体的な業態を知らなければならない。さらに、席数や平均客単価、営業時間、月あたり平均客数、営業日、支店数、従業員数なども分かれば申し分ないだろう。

要するに、取引先を知るには、表面的な「業種」の区分だけではなく、具体的な業務内容や製品などについて、自らが納得するまで経営者に教えを請い、細部まで理解することが必要なのである。こんなことを聞いてもいいのだろうかと思うかもしれないが、教えを請うということは経営者の自尊心をくすぐることにもなるので、前向きに考えることが必要だ。

業種について掘り下げて話を聞く中で、優れた点が見出されれば、その部分を褒めることで、社長はより気持ちよく様々なことを教えてくれるだろう。「身近に使っている製品の中に、御社の高い技術力が活きているとは驚きでした」「今後さらに、御社の製品が使われる分野が広がっていきそうで、楽しみですね」など、ただ聞くだけでなく、何か1つでも、感想や気持ちなどを伝えたい。

❷ 企業の沿革を聞く

「御社は創業○○年とのことですが、大きな経済変動の荒波を越えて現在に至っているわけですから、経営の責任者である社長さんのご苦労は、さぞかし大変なものだったのではないでしょうか。差し支えなければ、創業当時から現在に至るまでの、ご苦労されたお話、あるいは成功したお話など、特に思い出に残っているお話を、勉強のためにもお聞かせいただけないでしょうか」

解説

業務内容について詳しく聞くことと同様、企業の沿革を聞くことも、その企業を深

●アンケートへのご協力をお願いします●

本書をお買い上げいただき、ありがとうございました。今後の企画の参考にさせていただきたく、以下のアンケートにご協力をお願いいたします。毎月５人の方に図書カード（1000円分）をお送りいたします。

(1) お買い上げいただきました本の書名

(2) 本書をどこで購入されましたか

□一般書店（書店名　　　　　　　　）□インターネット書店（書店名　　　　　　　　）
□勤務先からのあっせんで　□小社への直接注文
□その他（具体的に　　　　　　　　）

(3) 本書をどのようにしてお知りになりましたか

□書店で見て　□新聞広告を見て　□勤務先からの紹介　□知人の紹介
□雑誌・テレビで見て（ご覧になった媒体・番組名　　　　　　　　）
□ダイレクトメール　□その他（　　　　　　　　）

(4) 本書についての感想をお聞かせください

(5) 今後お読みになりたいテーマ・ジャンルをお教えください

ご協力ありがとうございました。

郵 便 は が き

料金受取人払郵便

中野北局
承認
834

差出有効期間
2021年2月
20日まで

1 6 5-8 7 9 0

東京都中野区新井2－10－11
ヤシマ1804ビル4階

株式会社近代セールス社
ご愛読者係 行

ご住所	〒□□□-□□□□　□自宅 □勤務先（いずれかに☑印を） ☎（　　　　）　　　－			
お名前	（フリガナ）			
Eメールアドレス				
ご職業		年齢	歳	

＊ご記入いただいた住所やEメールアドレスなどに、小社より新刊書籍などのご案内を送らせていただいてもよろしいですか。
□ 送ってかまわない　　□ 送らないでほしい

※当社は、お客様より取得させていただいた個人情報を適切に管理し、お客様の同意を得ずに第三者に提供、開示等一切いたしません。

く知るうえで欠かせない。

創業時の苦労話や経営理念に込められた思いなどからは経営者の人生哲学が垣間見え、渉外担当者にとっても勉強になるところが多いので、是非聞いておきたい。創業の話を聞く中で、企業名の由来について尋ねてみると、思わぬエピソードが聞けることもある。企業の沿革を聞くことで、社長の企業経営に対する考え方や人格などもある程度分かるので、今後の取組み方針を決定する際の参考になるだろう。

沿革についても、ただ聞いて「ありがとうございました。よく分かりました」と言うのではなく、「こうして長い間の地道な経営で培われた技術力・開発力が、お取引先の信用・信頼につながっているのだと実感しました」「御社が益々発展していくために、当行もできる限りのお手伝いをさせていただきます」と、自分の感想や思いを述べたい。

沿革は企業のこれまでの経緯を知る貴重な定性情報であり、話の広がりも期待できるので、社長とのコミュニケーションを図るうえでは押さえておきたい話材である。

❸ 社長以外の役員について関係・経歴を聞く

「失礼を承知で少々立ち入ったことをお伺いしますが、社長さんと他の役員さんとのご関係について教えていただけないでしょうか。常勤役員さんと非常勤役員さんの区別や、それぞれの役員さんとのご関係や経歴について教えていただけますか？」

● 解説 ●

社長と役員との関係や、役員の経歴を知ることの目的は、①役員登用への経緯から見た信用・信頼度ならびに密着度、②担当部署とその権限の範囲、③後継者問題、などを把握することである。

社長とその他の役員との関係がうまくいっていなかったり、社内で内紛等が起きていたりすると、経営上の大きな問題になることから、しっかりと確認しておきたい。

特に中小企業などでは、友人・知り合いとともに起業したのはよかったが、月日が経ってトラブルが発生し、会社分割や廃業など、予期しない事態となる事例も散見されるので注意したい。

また、社長がワンマン経営の場合には、会社運営に行き詰まりやすいため、その点についても見極めが必要である。経営戦略に関わっている役員は誰か、社内の風通しはどうかといったことも、さりげなく確認できるとよいだろう。

❹ 経済動向等に伴う経営方針をヒアリングする

「最近、円相場が安定せず、専門家でもなかなか予測できない状況となっていますね。御社の事業にとっても円相場は大いに気になるところだと思いますが、社長さんはどのようにお考えになっていらっしゃいますか。差し支えなければ教えていただきたいのですが」

●解説●

お客様から経営方針等の情報をヒアリングするには、まず自らが経済のトレンドをつかみ、旬な話材を投げかけて、お客様のニーズを導き出さなければならない。

例えば、円の動向により原材料価格が高騰している場合は、製商品への価格転嫁を行うのかどうか、利益面への影響はどの程度だと考えているかといったことをヒアリングする。ただ、仕入れ価格が上がったからといって、すぐに販売価格に転嫁できる企業は少ないため、社長からの回答は「企業努力で何とかする」「販売価格を上げないように頑張る」といったものになることが多いだろう。その場合は、具体的な内容を聞けるとなおよい。場合によっては、金融機関として役に立てることがあるかもしれない。

株価や景気の動向、石油価格の動向、政策などによる業界への影響などについても、渉外担当者であれば押さえておきたい。

❺ メイン金融機関を聞く

「ところで、メイン金融機関はどちらでございますか。差し支えなければ教えていただけますでしょうか」

「そうでしたか、そちらの金融機関は親切で大変面倒見が良いという評判を聞いてお

ります。当行も見習って負けないよう頑張っているところでございます」

●解　説●

新規開拓において、企業のメイン金融機関を知ることは大切なことである。メインの金融機関を知ることで自行庫との比較ができ、推進のための戦略を立てるのにも参考になるからである。

今では、企業のホームページに「取引金融機関」という記載があることも多いが、ホームページなどを見ても分からない場合は、率直に尋ねるしかない。

何ら抵抗なくメイン金融機関を教えてくれる場合もあれば、かたくなに口を閉ざして教えてもらえない場合もあり、社長によって反応は様々である。

もし教えてもらえない場合は、無理をして聞かないことである。新規開拓活動が順調に進んでいけばいずれ分かることなので、焦って聞き出す必要はない。

教えてくれた場合、これ幸いとばかりに相手の心に土足で踏み込むようなことはしてはならない。あくまでも謙虚な姿勢で、まずメイン金融機関を褒め、決して悪口を言わないこと。競合相手の悪口は、渉外担当者ならびに自行庫の品格・見識を疑われることになり、推進活動が不調に終わるもととなる。

メイン金融機関と自行庫を比較したりせず、自行庫との取引にもメリットがあるということを説明しながら、あくまでも控えめに推進していくことがポイントである。

❻ 事業承継についての取組み状況を確認する

「社長さんのご年齢から考えても、まだまだお元気でいらっしゃるので、このようなことを申し上げると時期尚早と思われるかもしれませんが、事業承継についてはどのようにお考えになっていますか？」

「事業承継は単なる経営の承継・財産の承継ではなく、いざとなるといろいろと悩ましい問題が起こります。できれば社長さんがお元気なうちに着手されたほうがよろしいかと考えますが、いかがでしょう。御社にとっても重要なことと思いますので、具体的なお話をさせていただければと考えております」

解説

事業承継は中小企業にとって、重要な課題となっている。国としても事業承継を支援すべく、２００８年5月に「経営承継円滑化法」を成立させ、２０１5年2月からは、独立行政法人中小企業基盤整備機構が全国に「事業引き継ぎ支援センター・事業引き継ぎ相談窓口」を設置し、専門家による具体的な支援を無料で受けられるようにするなど、積極的な取組みを行っている。

事業承継とは、①経営の承継、②財産の承継、③経営資源の承継の３つを指す。いずれも難しい問題が含まれているため、手続きには相応の時間がかかる。そのため、早めの提案をし、対策を検討してもらうことが必要となる。

事業承継に係る課題としては、①後継者問題、②承継資金対策、③税務・財務面の対策、④相続手続きに関わること、⑤個人保証の承継などが挙げられる。

また、計画書の策定段階になれば、①具体的な承継計画の策定、②後継者への株式移行の期間と方法、③後継者への社内教育・社外教育の実施、④新しい幹部候補の育成、⑤社内・社外の関係者への対応などを検討しなければならない。

このように専門性が高いため、渉外担当者個人や営業店では十分な対応ができない。本部の事業承継担当部署や外部機関と連携しながら、サポートしていくことになる。

❼ 人材確保・採用への取組み状況を確認する

「様々な業種で人手不足が叫ばれていますが、御社ではいかがでしょうか。求人募集はどのような方法で行っていらっしゃいますか？」

「最近では学生を対象に職場の体験学習を実施して成果を上げているところもありますし、定年退職したＯＢを再雇用している会社もあります。ＯＢの再雇用は若手従業員への技術伝承という点でもメリットがあり、ＯＢの中にも、まだまだ働きたいという方が多いと言われています。人材が不足しているということでしたら、こうした点も検討されてみてはいかがでしょうか」

●● 解　説 ●●

大手企業と比べ、中小企業にとって個々の従業員の能力が業績に与える影響は大きい。そのため、人材確保、人材育成は重要な課題であり、頭を悩ませている経営者も多いといえる。

人材採用にあたっては、ハローワークでの求人募集、学校訪問による求人募集、新聞折り込みによる求人広告、職場体験学習による募集活動等により実施するのが一般的である。次年度の採用の予定はあるか、どのような方法で求人募集を行っているかなどを聞いてみるとよい。

人材不足とされる業種は多いが、特に３Ｋ業種（きつい・汚い・危険とされる現業系、技術系の業種）が敬遠される傾向が強く、深刻な状況の企業もある。そのため、３Ｋ業種に属する企業は、給与面、福利厚生面、職場環境面などの改善に力を入れ、働きやすい職場としてのイメージアップを図る必要がある。

また、中小企業であっても、積極的に「働き方改革」に取り組んでいる企業もあるので、どんな施策を講じているのかヒアリングしたい。人を大切にする会社は、業績も安定していることが多いものである。

現在は働く女性が増え、幅広い分野の業種で女性が活躍している。女性が働きやすい職場環境を整えることも、企業が長く継続していくための条件になるだろう。

❽ 経営改善の進捗状況を確認する

「経営改善計画書の進捗状況について、計画どおりに進んでいる項目と、進んでいない項目を教えていただきたいのですが」
「恐縮ですが、進んでいない項目は、それぞれの要因をご説明いただけないでしょうか。それらの項目については、今後どのような対策をお考えですか」

解説

業績が不調に陥った企業が、経営再建を図るために策定するのが経営改善計画書である。策定した経営改善計画書に基づき、経営改善が計画どおりに進んでいるか否か、その進捗状況を確認すること、すなわちモニタリング活動は、極めて重要な仕事である。計画どおりに進んでいなくても、計画の概ね80%以上が達成できていれば問題はないが、それ以下の場合には、計画の見直しが必要になる。

計画どおり進まなかった項目と、その要因を聞き取り、計画に無理はなかったか、今後改善の余地があるのかを検証しなければならない。

場合によっては、転業や休業・廃業なども考えなければならない。経営改善計画の策定に携わった以上は、実態把握のためのモニタリングをきちんと行い、最後まで見届けるのが金融機関としての役割である。

5 資金ニーズ発掘のための「話し方」「聞き方」

❶ 資金繰りについて尋ねる

「最近の資金繰りの状況はいかがでしょうか。受注も活発に動いているようですので、運転資金がご入り用ではないかと思いまして。当行がお力になれるのであれば、社長さんには資金繰りのことを心配せず、是非ご本業に専念いただきたいと思います」

解説

中小企業の社長は、「資金繰り」と「業績向上（売上高と利益の向上）」の2つのことが常に頭にある。必要な情報収集ができない、良き相談相手がいないといったことに対する悩みもあるが、やはり最優先事項は「資金繰り」である。

資金繰りは今日・明日の事業活動の運営に直結する。渉外担当者としても、常に取引先企業の資金繰りには関心を示しておかなければならない。

取引先企業を訪問した際には、資金繰りについて必ず一声かけることが必要だ。単に「資金繰りはいかがですか」と聞くのではなく、ある程度「仮説」を立てて聞くのが望ましい。

そうすることで、社長は「いつも当社の資金繰りのことを心配してくれている」「事業運営に関心を持ってくれている」と安心と心強さを感じ、渉外担当者への信頼度も高くなるだろう。

❷ 工場等の建物の老朽化を話題にする

「失礼を承知で申し上げますが、そろそろ工場全体のリフォームが必要な時期に来ていると思われます。社長さんはいかがお考えでしょうか」

「今後、大規模なリフォームや建替えの計画がございましたら、具体的な内容をお聞かせいただければと思います。必要があれば、当行の資金を是非ご利用ください」

● 解　説 ●

企業訪問の際には、本社社屋、営業所、工場、倉庫などを見学させてもらうことで、話材や資金ニーズ喚起につながる情報を得ることができる。

工場等の建物が老朽化している場合は、修繕・修理あるいは改築などのタイミングが近い場合があるので、資金ニーズ喚起のためにも積極的に問いかけを行いたい。ただし、古い工場であっても、システムの再構築などを重ねて生産性を維持しているようなケースもあるので、「古い=リフォームや建替えが必要」と決めつけず、社長の考えを聞くようにしたい。

こうした話題は、問いかけを切り口として、社長から多くの話を引き出すことが目的である。社長が何か話してくれた場合は親身になって聞き、情報を収集することである。

❸ 耐用年数に近づいている機械のことを聞く

「決算書を拝見したところ、一部の機械が減価償却期限に近づいていますが、お買換えについてはお考えでしょうか。お忙しいところ恐れ入りますが、勉強のために対象の機械を拝見してもよろしいですか？」

「設備の更新にあたっては、買換え以外にリースなどの利用も考えられると思いますので、差し支えなければ一緒に検討させていただけませんでしょうか」

解説

固定資産の耐用年数は、決算書（法人税申告書）の別表16（1）および（2）の「減価償却資産の償却額の計算に関する明細書」を見れば確認できる。

取引先企業の設備投資に対する資金ニーズを発掘するためには、まず、この別表による確認が不可欠であり、これを切り口に話を進める。買換えの予定を聞き、できれば対象の機械を見せてもらう。設備1つにも愛着を持っている社長もいるので、見せてもらった場合には、「お手入れが行き届いていることもあって、長い間稼働しているのですね」などと伝えられるとよいだろう。

機械購入などの設備投資を行う場合、金融機関からの借入金により資金調達を行うのが一般的だが、企業の業績や資金繰りの状況によっては、必ずしもそれが最善の方法とは限らない。買換えにはメリット・デメリットがあり、初期投資負担がないリースを利用するという方法もあるので、そうした角度からの検討を含めたアドバイスを考えておきたい。

また、新しく導入する機械設備が決まっている場合、性能や特徴・価格程度のことはインターネットで情報収集し、勉強しておくことが必要だ。これらの情報を基に、設備投資に係る費用対効果やメリット・デメリットなどについて十分ディスカッションし、最善の方法を見出す、これこそが「良きアドバイザー」としての役割である。

❹ 倉庫の原材料（半製品・製品）が普段よりも多いとき

「先ほど倉庫の前を通ったのですが、原材料が普段より多い気がしました。一時的に

受注が増えているのですか？」
「資金繰りが厳しくなってくるようでしたら、つなぎ資金をご利用してはいかがでしょうか。そうすれば資金繰りを心配せず、ご本業に専念できると思われます」

●解　説●

取引先企業を訪問した際には、倉庫にある原材料・半製品・製品などにも目を向けたい。原材料が普段よりも多いと感じた場合にはすぐにヒアリングを行い、その原因を明らかにしたうえで資金需要を確認する。

原材料が多くなる要因としては、①売上が上昇傾向にある、②一時的な受注増、③価格高騰に備えた一時的な対策、④不足が予想される場合の事前対策などが挙げられるが、場合によってはずさんな在庫管理（破損・汚損等不良在庫の発生、盗難・紛失等の発生）なども考えられるので、きちんとヒアリングを行い、検証することが大切である。

これらの要因は、手元資金の不足、保管・管理に係る経費の増加、収益性の低下などにつながり、資金ニーズが発生する。積極的に声かけを行い、取引先企業の実態把握に努めたい。

なお、原材料が少なくなる要因としては、逆の傾向、すなわち売上が下降傾向にある、一時的な受注減などが考えられるため、この場合にも原因を明らかにして、必要な対策を講じたい。

❺ 機械などの設備投資に対する考え方を聞く

「現在稼働中の機械設備のことで教えていただきたいことがあるのですが、よろしいでしょうか。最近ではこの種の機械設備はかなり省力化が進んでいると思われます。耐用年数に達するのはまだ少し先になりますが、早めの設備投資などをお考えになったりされていますか」

「新たな設備投資は企業の大きな負担となりますが、人手不足の解消や経費の大幅削減、生産効率の向上等のメリットも期待できます。こうした設備投資について、社長さんはどのようにお考えでしょうか」

解説

既存の設備から新たな設備へ切り替える場合、通常は設備の老朽化を理由とするケースが多いが、必ずしもそうとは限らない。既存設備の陳腐化により新たな設備に切り替える必要が生じる場合があるので、耐用年数ばかりに気を取られていると、提案のタイミングを逃すことになる。

機械設備は日進月歩で開発が進んでいることから、常に情報収集しておかないと、取引先企業に対しタイムリーな提案ができない。様々な取引先を回っていれば、同業種で同様の機械を使っている先などから新たな情報がもたらされることもあるので、ちょっとしたことでも聞いてみて、勉強する姿勢が必要である。

新たな設備投資は資金面で企業の大きな負担になるが、省力化・省エネルギー化を実現することで、人手不足の解消、経費削減、生産効率の向上なども期待できる。社長が設備投資の必要性を感じているものの、なかなか積極的になれないという場合には、実際に機械設備を入れる業者を呼び、費用対効果についてシミュレーションしてみるよう勧めるとよいだろう。前述したとおり、リースという方法をとることもできるので、様々な角度からの検討を促すことが大切だ。

6

提案や情報提供をする際の「話し方」「聞き方」

❶ 取引先を紹介する

「実は、御社に是非ご紹介したい取引先があるのですが、お話ししてもよろしいでしょうか」

「ご紹介したい取引先は、業界では長い実績を誇っております。先般その取引先から、御社のような精密機械の加工を行う会社を紹介してほしい旨の相談があり、早速ご紹介に伺った次第です。詳細につきましてはお打合せの際に確認していただくこととい たしまして、一度、お会いいただけませんでしょうか」

●解説●

金融機関が取引先企業に対して行う活動にビジネスマッチングがあるが、その一環として、取引先企業の業績向上を目的とした得意先あるいは仕入先の紹介がある。

取引先の資金繰り支援を行うことは金融機関としては当然の役割であるが、今の時代、これのみでは金融機関としての役割を果たすことはできず、取引先のニーズに応えることはできない。

ニーズに応えるためには、「取引先の紹介」を含めたビジネスマッチング、経営アドバイス、経営コンサルティングなどの分野で良き相談相手にならなければならない。

取引先の紹介に際して注意すべきことは、取引の具体的な内容についてはすべて当事者間で確認・合意してもらうこととし、その点について了承を得ることである。金融機関としては、後日、両社間でトラブルが発生した場合に関与しないためにも、取引内容等については一切関わらないということを鉄則とする。

もし、会っていただける場合には、「1つお願いがございます。お取引の内容その他一切のことにつきましては、すべて当事者間でお取り決めいただき、当行は一切関知いたしませんので、その点ご了解ください」と伝え、承諾してもらうことが必要である。

ビジネスマッチングにおいては、将来どちらかの取引先が経営不振となり相手に損害を与える場合があるかもしれず、その点も十分念頭に置いたうえで紹介することが必要だ。したがって、ニーズがあるからといって経営内容の確認をろくに行わず、むやみに紹介するようなことは厳に慎まなければならない。

取引先を紹介するのは金融機関としての大切な役割であり、双方の取引が順調に進んでいるうちは何ら問題が生じることはない。しかし、不測の事態が発生した場合は、紹介した立場上、金融機関としての信用・信頼に悪影響を及ぼす場合があるということも頭の片隅に入れておく必要がある。

❷ 在庫の見直しなどを積極的に提案する

「恐れ入りますが、以前から気になっていることがございますので、1つ教えていただけないでしょうか。実は原材料について、最近の売上高から見ると在庫がかなり多いと思うのですが。それと、廃棄処分されている部分も多いのではないかと感じてい

ます。その点、社長さんはどのようにお考えですか？」
「よろしければ、良い機会ですので、原材料の使用状況や在庫管理状況などについて、全面的に見直しをしてみてはいかがでしょうか」

解　説

経営改善などのアドバイスも、取引先企業が金融機関に対して期待していることの1つである。ひと口に経営コンサルティングと言っても奥は深く、取引先企業の実態が把握できていなければ、問題点や課題を洗い出すことはできない。問題点や課題を洗い出すためには、単に決算書等の財務分析だけではなく、社長からのヒアリングや工場・倉庫・営業所等の見学など、あらゆる角度からの検証・確認が必要となる。

そうした取引先企業の実態を把握した後、問題点や課題を払拭するための改善策を取引先企業と一緒になって策定する。これこそが取引先企業の経営改善を支援する活動といえる。

中小企業の取引先には、「経営改善すべき問題点や課題を洗い出せない」あるいは「経営改善計画が策定できない」という先が多い。また、「自社の強みを発揮できていない」「弱点が認識できていない」という先も多いのが実態である。そこで、渉外担当者の目線でのコンサルティング活動が重要になってくるのである。

実際に提案するときには、上から目線にならず「一緒に見直してみませんか」「経営改善計画の策定にあたっては、いろいろ教えていただきたいことがございます」と、あくまで企業と同じ目線に立った言葉がけをすることが大切である。

❸ 自行庫主催のセミナーを案内する

「本日は、当行が主催するセミナーのご案内にお伺いいたしました。今回は、『今後の国内景気の見通しについて』というテーマで、中小企業専門コンサルティング会社研究部門のエキスパートが講演いたします。毎年2回、定期的に開催しているセミナーですが、多くの中小企業の経営者の皆様から、企業として今後向かうべき方向性や、それに伴う施策の検討などに役立っていると好評を博しておりますので、ぜひご参加ください」

解　説

売上高の増強など今後の施策を検討したり、業界情報を詳しく知ってもらうためには、金融機関が主催するセミナーも有効な機会の1つである。異業種交流会や同業種の意見交換会などを行っているケースも多いと思うので、こうした会に関する情報提供を積極的に行い、取引先企業の業績向上に協力していきたい。

最近では、各金融機関が独自で行うもの、複数の金融機関が共同で主催するもの、地域の行政機関・商工会議所や商・工業会などが主催・協賛して行うものなど多種多様なセミナーが開催・実施されている。自行庫のセミナーだけにこだわらず、情報収集をして取引先企業に提供したい。

❹ ビジネスフェアへの参加を提案する

「本日は、当行主催のビジネスフェアのご案内で伺いました。３年に一度、これまでに○回開催しており、本年も実施年度にあたります。このビジネスフェアは当行が主催し、市・商工会議所・商工業組合等から協賛・ご協力をいただいております。地域の企業の皆様には好評を得ておりまして、その場で商談が成立する事例も多くなってきております」

「御社のＰＲをするよい機会でもありますので、エントリーされてみてはいかがでしょうか。私もできる限りのお手伝いをさせていただきますので、是非ご検討ください」

解説

中小企業の社長が金融機関に望むことは、①資金繰り支援、②各種情報提供、③経営アドバイス・経営コンサルティングの3つが代表的なものである。「ビジネスフェアへの参加提案」は、②の各種情報提供に当たる。

企業としては安定した資金繰りも大切だが、売上の増強も同じくらい重要なテーマである。業績向上・事業継続のためにも、最重点課題として社長は捉えている。

ビジネスフェアへの参加は売上増強につながる可能性があるため、取引先に喜ばれる提案になりうる。しっかりと内容を説明し、積極的に紹介したい。

参加に消極的な姿勢が見受けられたり、興味はあるが躊躇しているような場合には、メリットを十分説明したうえで、参加に向けて背中を押すことも必要である。

ビジネスフェアは、地方自治体・商工会議所・各商工業組合などが主催・開催しているものもあるので、情報を入手次第、スピーディーに提供したい。

❺ 海外視察への参加を案内する

「以前、御社は海外進出を考えているというお話をされていましたので、今日は海外視察のご案内でお伺いいたしました。今般、○○の主催で海外視察を実施いたします。訪問先には社長さんが進出先としてお考えになっている対象国も含まれていますので、ちょうど良い機会かと思われます。是非ご検討ください」

解　説

今や中小企業においても、積極的に海外進出を図っているところが多い。将来的に海外進出を考えている中小企業のために、海外視察ツアーを開催する金融機関も多く見受けられる。

海外視察は、それぞれの金融機関が独自で実施することもあるが、金融機関の業態ごとに主催・募集しているケースも多々ある。そのほか、地域の行政機関、商工会議所、ＪＥＴＲＯ（日本貿易振興会）などが主催・協賛しているケースもあるので、海外への関心の高そうな先には積極的に案内したい。

いずれにしても、日頃から取引先企業のニーズを把握し、タイミングの良い情報提供を行うことが必要である。

❻ 自行庫の企業向けレポートなどの情報を提供する

「当行が半期に一度実施している地域中小企業の動向調査結果がまとまりましたので、お届けに伺いました。直近６カ月の状況を見ますと、売上高はやや上昇傾向にありますが、利益面が伸び悩んでおります。これは、売上高の増加とともに原材料費・人件費などのコストがさらに増加していることが大きな要因です」

「私が担当しているお取引先企業でもそうした傾向が表れておりまして、まさに実感

しているところでございます。是非、御社の直近6カ月の状況と比較していただき、今後の経営方針策定のための指針としてお役に立てていただきたいと思います」

●解　説●

中小企業は、その事業規模からいっても、得られる情報は少ない傾向にある。そのため、渉外担当者が行う情報提供に対しては、一定の期待を持っている。

本部作成によるアンケートや統計資料、地域企業の景気動向、業界情報、経済動向調査結果、業種別経営指標等を提供し、取引先企業の経営改善や業績向上の指針として活用していただく。これらの資料を渡す際には、ただ「○○のレポートをお持ちしました。ご参考にしてください」と言っても、忙しい社長にとっては目を通す暇もなく、見てもらえない可能性が高い。調査結果等なら概要だけでも口頭で伝え、興味を持ってもらうことが大切だ。

7 お客様に依頼する場合の「話し方」「聞き方」

❶ 決算書の提出を依頼する

「恐れ入りますが、決算が終了されたと思いますので、決算書の写しを頂戴できませんでしょうか」

「ありがとうございます。御社の1年間の努力の結果ですから、謹んで拝見させていただきます。また分からないことがありましたら教えていただくこともあると思いますが、そのときはよろしくお願いいたします」

●● 解説 ●●

決算書は、企業の「健康状態」を表す重要な秘密情報資料である。多くの中小企業の社長は簡単には公開したくないと考えているものなので、当たり前のように提出をお願いし、ただ「ありがとうございます」と受け取ったのでは、社長の気分を害することになるだろう。１年の努力の成果として、社長も緊張感を持って渡してくれていることを心に留め、受け取った際にはお礼や労《ねぎら》いの言葉をかけたい。

決算書をザッと見て、概ね業況を判断したうえで話ができれば申し分ないが、渉外担当者としての経験が浅い場合は、そこまではなかなか難しい。せめて「分からないことがあった場合は教えていただきたい」と伝えておくことで、いったん決算書を持ち帰り、次回訪問以降、スムーズに疑問点等を確認することができる。

❷ 決算書の提出を渋られたとき

「確かに現在、新規のご融資のお申込みは承っておりませんが、御社とはご融資のお取引がありますので、お取引がある以上、決算書をご提出いただきたいのです。金融機関として、ご融資のお取引があるお客様については、常に状況を知っておく責任が

あります」

「決算書をご提出いただくことで、今後ご融資が必要になった場合の相談もスムーズになりますし、業績向上を図るためのご提案をさせていただくことも可能になります。少しでも御社のお役に立てるよう頑張りたいと思いますので、よろしくお願いいたします」

●解説●

決算書の提出を依頼したとき、「融資の申込みをしているわけでもないのに、なぜ決算書が必要なのか」「毎年毎年、提出する必要があるのか」などと言われることがある。筆者を含め、多くの渉外担当者が経験していることだろう。

金融機関としては、企業先に対する格付・取組み方針・融資方針を決定するためにも、決算書は絶対に必要な定量情報であるが、前に述べたとおり、社長としては簡単には渡したくないものなのである。

このような反応をされたときは、決算書を提出することのメリットを伝え、引き続き役に立ちたいと思っている姿勢を示すことが大切だ。

どうしても承諾が得られない場合には、直属の上司、次長（副支店長）、支店長の順に協力してもらい、説得を行う。これは、一渉外担当者だけの問題ではなく、営業店や金融機関全体の問題として取り組むべきものだからである。

このような意識を強く持ち、誠意を尽くしてお願いすれば、多少時間がかかったとしても、決算書の入手は可能となる。

❸ 融資申込みに係る関係書類の提出を依頼する

「それでは、今回のご融資について、ご準備いただく書類を順に説明させていただきます。いただいた書類の内容によっては追加でお願いすることもありますので、その点をご了承くださいますよう、お願いいたします」

「最終的に審査に必要な書類が整いましたら、確認手続きのうえ決裁を待つことになります。決裁が得られた場合には、実行のために別途必要な書類がありますので、その際はまたよろしくお願いします」

●解　説●

異例なケースでない限り、融資の申込書類は原則一度で揃うようにする。こちらのチェック漏れなどで繰り返し依頼するようであれば、「忙しいのに何度も手間がかかる。一体何を考えているのか」と思われかねず、取引先からの信用もなくなる。最悪の場合、他の金融機関に融資を取られてしまうこともあるので、十分注意したい。

また、融資の申込内容にもよるが、場合によっては確認しなければならない書類が多くなり、追加で依頼する必要が生じる。こうした場合も、何度もお願いすることになるとクレームが発生しがちなので、あらかじめ了解を得ておくことが大切だ。

多くの場合、借入れを行うという行為は、取引先にとって、文字どおり「借り」であり、金融機関に対して負い目を感じる経営者もいる。こうした心理状態に十分配慮し、余計な心配をさせないようにしたいものである。

また、書類を受け取っただけではまだ融資の可否は分からないが、中には融資が受けられると思いこんでしまう経営者もいるので、受付の手続きの際に、誤解のないよう説明しなければならない。

❹ プロパー融資から保証協会付き融資への変更を依頼する

「恐れ入りますが、今回の融資につきましては信用保証協会の保証をお願いできますでしょうか。いただいた決算書や試算表を分析し、御社の長年の経営実績を踏まえて総合的に検証させていただきましたが、新たな無担保・無保証融資の受付は難しい状況です。まずは当行の無担保・無保証融資での受付を検討したのですが、すでに実行させていただいている融資もございますので、信用保証協会の保証を付けていただければと思います」

解説

企業が金融機関から借入れを行う場合に望むことは、①早い（時間）、②簡単（手続き）、③安い（金利）の3つである。「担保・保証」が必要となると、「無担保・無保証」に比べて企業にとって面倒な手続きが増え、通常より時間がかかる場合もある。保証協会を使う場合は、保証協会に払う保証料がもったいないと感じる経営者も多いだろう。

したがって、借り手側の企業としては、無担保・無保証の融資が第一希望である。金融機関も、担保・保証に依存せず、事業性を評価する傾向が高まっており、無担保・無保証のプロパー融資で受け付けられるのが理想ではある。

しかし、企業の実態によっては、やむを得ず担保・保証をお願いしなければならないこともあるので、その理由をきちんと説明し、了解を得ることが必要だ。理由の説明を曖昧にすると、相手の心情を害し、トラブルに発展するおそれもある。相手の立場に立ち、丁寧な説明を行わなければならない。

❺ 工場等の見学を依頼する

「お忙しいところ申し訳ありませんが、ご都合の良いときに御社の工場を見学させていただけませんでしょうか。御社が製造されている製品には優れた技術力が詰まっていますので、ぜひその現場を見たいと思っていました」

解説

企業には金融機関に対して、自社のことをよく知ってもらいたいという要望がある。よく知ってもらっている人には何かと相談しやすく、話もスムーズに進んでいくからである。

工場や営業所などの見学は、取引先企業の実態把握を行うためにも重要であり、積極的に見学を依頼したい。特に、常に訪問しているのが本社だけで、離れた場所に工場や営業所がある場合は、見に行って初めて分かることも多い。

離れた場所にある工場などを見学したいと言えば、「それだけ当社に興味・関心を持ってくれている」と好印象を与えることにもなるので、ぜひ実行してほしい。

❻ 取引先の紹介を依頼する

「勝手なお願いで恐縮ですが、御社のお取引先をご紹介いただけませんでしょうか。どちらの企業もお忙しく、私の力が足りないこともあって、お取引のない企業に面談をお願いしてもなかなかお会いすることができず苦戦しております。長年地域で優良

企業としてご実績のある御社からのご紹介をいただければ、社長さんと面談できるのではないかと思います。何とかお願いできませんでしょうか」

解説

新規開拓には、既存取引先と取引関係にある企業を紹介してもらうという方法がある。これは、飛び込みで行う新規開拓に比べ、面談できる可能性が極めて高い。お願いするにあたっては、「御社だからこそお願いしている」ということが伝わるとよいだろう。

ただし、取引先を紹介してもらうことにはリスクもあるので、依頼する場合には十分注意が必要だ。例えば、紹介された企業で融資などの話が進んでも、要望に応えられず謝絶しなければならない場合もある。そうしたケースでは、紹介を依頼した既存取引先に不義理をすることになり、信頼関係に悪影響を及ぼすことも考えられる。謝絶したことが原因で、双方の企業の関係が気まずくなることもあるかもしれない。

また、紹介された企業と取引を開始した場合、既存取引先に対して、「借り」を作ることになるため、後日の取引に対して注文をする（取引先を紹介したことを理由に、自社に有利になるようなことを要求する）企業もないとは言い切れない。そうしたことを考慮すれば、取引先紹介の依頼をする際は、信頼関係が築けている先を選定する必要がある。

なお、既存取引先が紹介の対象とする企業は、主に下請け先、同業他社、社長同士が友人関係にある企業など、自社と同等クラスかそれ以下の企業であることが多い。既存取引先の得意先を紹介することはほとんどないと言ってよい。

取引先を紹介し、同じ金融機関で取引をすることになると、自社の情報が漏れるのではないかと心配する経営者もいる。紹介する側のこうした心情や立場を理解し、細心の注意をもって依頼することが必要である。

8 対応に困るケースの「話し方」「聞き方」

❶ 依頼されていた取引先の紹介ができない

「先般ご依頼いただいた新しいお取引先のご紹介の件ですが、今のところご紹介できる先が見当たりません。誠に申し訳ございません。本部の担当部署を通じて全店的なネットワークで探したのですが、適当な企業を見つけられませんでした」

「ただ、今後も引き続き探せるよう当行のシステムに登録いたしましたので、情報が入り次第ご紹介させていただきます。他の金融機関や自治体と合同で主催する『異業種交流会』なども今後ご案内させていただきます」

● 解説 ●

渉外活動を行っていると、お客様から様々なことを依頼される。内容によって、①とりあえず依頼を受ける（例・融資申込み、返済方法変更などの条件変更、取引先の紹介・ビジネスマッチングなど）、②実現可能か否か、一旦持ち帰って検討したうえで上司と相談する（例・金利引き下げ、担保・保証人の解除といった条件変更など）、③その場で謝絶する（例・法律に違反する行為やコンプライアンスに関わることなど）、という対応になる。

事例のような取引先の紹介などはとりあえず依頼を受けることになるが、要望どおりに対応できることばかりではない。その場合には、何はともあれまず「お詫び」を申し上げ、活動の経過や「できない理由」を伝えることが必要である。

結果的に依頼されたことが実行できなかったとしても、どのような流れでそうなったのか、お客様には誠心誠意説明しなければならない。その説明が「言い訳」として捉えられることのないよう、十分に配慮して言葉を選ぶことが大切だ。

❷ 同業他社の秘密情報を聞かれた

「申し訳ございませんが、その件につきましてはお答えすることができません。こればかりはご容赦ください。同業他社の経営状況を知りたいという社長さんのお気持ちは十分理解できるのですが、こうしたことをお話ししてしまうと、金融機関としての信用・信頼が失われます。何とぞご理解ください」

解説

個人情報やコンプライアンスに関わることなどは、その場で断らなければならない。とりあえず依頼を受けたり、持ち帰って検討するなどということはせず、毅然とした姿勢で対応する。

ここで曖昧なことを言ってしまうと、後々になってトラブルやクレームに発展することもあるので、「言うべきことは言う」という対応でかまわない。渉外担当者個人の問題ではなく、金融機関として禁じられているということを理解してもらえるよう、説明する必要がある。

❸ こちらの不手際でクレームが発生した

「このたびはご迷惑をお掛けいたしまして、誠に申し訳ございません。以後、二度と同じ過ちを繰り返すことのないよう努めて参りますので、今回のことは何とぞお許しくださいますようよろしくお願いいたします」

解説

クレームはないに越したことはないが、営業活動をしている以上、時としてこちらの思い違いや不手際で発生してしまうこともある。起きてしまったことは取り返しがつかないので、今後同じような失敗を繰り返さないための改善が必要である。

クレームが発生した場合に最も大事なことは、お客様の言い分をしっかり聞くことである。そして、内容（何に対して怒っているのか）を十分理解したうえで、心からお詫びを申し上げることが大切だ。

お詫びのポイントは、あくまでも謙虚な姿勢で誠意を伝えること。くれぐれも「言い訳」と受け取られることのないよう、細心の注意を払ってお詫びすることが肝心だ。内容によっては、上司に同行してもらわなければならないこともあるので、クレームが発生した場合には速やかに報告し、対処を検討すること。クレーム対応はスピードが大切なので、他の仕事を一時中断してでも優先しなければならない。対応が遅れれば、お客様の心情を害し、大きなトラブルにも発展しかねない。

❹ 過去の融資謝絶についてクレームを言われた

「それは大変申し訳ありませんでした。どのような理由でご融資できなかったのかは分かりませんが、その当時の様々な事情からお客様のご要望に沿えなかったものと考えます。お客様のご気分を害してしまったことについて、心からお詫びを申し上げます。経済情勢が年々変化している中、当行の経営方針も変わってきております。今いちどお取引の機会を与えていただければと思います」

●解説●

新規開拓活動で訪問した先の企業から、過去の取引についてクレームを言われることがある。過去には取引関係があったが現在はない、あっても預金取引のみといった先で、「過去に融資を断られた」「無理な担保・保証を依頼された」「金利の引き下げに応じてくれなかった」など、主に融資について半分愚痴のような話が出るケースだ。

この場合、自分が担当していなかった時代のことで、直接関係はないと思うかもしれないが、まずはお客様の言い分をしっかり聞き、内容を受け止めたうえで、心からお詫びすることが必要だ。

特に、その企業の苦難の時代に、金融機関として助けられなかったケースなどでは、お客様が興奮して感情的になる場合もあるので、お客様の気持ちが落ち着くまでは、受け身の姿勢を保つことが必要だ。

具体的には、徹底して聞き役に回り、お客様が十分満足するまで話をしていただくことだ。何を言われても反論することなく、ただひたすらお客様の目をしっかり見て話を聞くことが大切である。

お客様の話は永遠に続くわけではなく、話をしているうちにお客様の気持ちも徐々に落ち着いてくる。そのタイミングを見計らって改めてお詫びを申し上げ、あくまでも謙虚な姿勢で、次回以降の訪問につながるような投げかけをしたい。

ただし、どうしてもセールス活動ができないような雰囲気であれば、その場はお詫びを申し上げて早々に引き上げ、後日改めて訪問する。無理をしてセールスを行い、再びクレームになるというようなことは絶対に避けなければならない。お客様の様子を見ながら、臨機応変な対応が必要である。

❺ 支店長や他の行職員のプライベートなことを聞かれた

「大変申し訳ありませんが、そうしたことにつきましては慎むよう堅く言われておりますので、何とぞご容赦ください。ご存知のとおり、最近では個人情報について何かと敏感になっております。私どもも厳しく指導されていますので、その点をご理解いただければと思います」

●解説●

社長の中には、興味本位で支店長について細かく尋ねてきたり、行職員の住所や電話番号などを聞き出そうとする人もいるかもしれない。個人情報保護の重要性が広く認識・浸透している現在、こうした依頼を謝絶する場合には、詳細な説明をしなくても、お客様は理解してくれる。なるべく分かりやすく簡潔にお断りするのが最善の方法である。

ここで「自行（自金庫）の規定により」「お客様との癒着を避け」「プライバシーの侵害」「事件・事故の未然防止」といった堅い言葉を使うと、かえってお客様の気持ちを逆なですることにもなる。くどくど説明せず、短い言葉で説明することが大切だ。

❻ 近所で火事があり、取引先が被災した

「このたびは大変なことで、謹んでお見舞いを申し上げます。被災されたことは残念ですが、何はともあれ社長さんや従業員の皆様にお怪我がないということが何よりです。まだ心の整理が付いていないと思われますが、何かお手伝いできることがあればどうぞ遠慮なくお申し付けください」

●解説●

近所で火事が発生した場合には、自行庫の取引先が被災していないか、早急に調査する必要がある。

もし取引先が被災している場合には、まず火災保険の付保状況を確認する。そのうえで、落ち着いたころを見計らってお見舞いに伺うとともに、何かお手伝いできることがないかを申し出る。

火災の規模により、店舗で支援する場合と金融機関全体で支援する場合とがあるので、被災状況を把握のうえ上司に報告し指示を仰ぐ。

火災発生から日が経っていないときは、経営者にとっても何から手をつけてよいのか分からず、混乱していることも多い。状況を見て「お邪魔になってもいけませんから今日はこれで失礼させていただきます。くれぐれもお力落としのないよう、気持ちを強くお持ちください」と伝え、長居しないことも大切である。

❼ 近所で火事があり、取引先が被災していないとき

「お近くで火事があったと聞き、お伺いしました。特に被害もなかったようで、本当に安心いたしました」

「余計なことかもしれませんが、最近は集中豪雨や地震などの災害も頻発していますので、この機会に防火・防災対策を見直してみてはいかがでしょうか。今回のようなことが身近に起きれば、従業員の皆様もご心配になっているのではないかと思います。必要であれば私も会議に参加させていただきますので、どうぞ遠慮なくお申し付けください」

● 解説 ●

取引先が被災していない場合でも、いわゆる「近火お見舞い」に伺い、お見舞いの言葉を伝えるのが礼儀である。

近年では企業防災に関する意識が高まり、ＢＣＰ（事業継続計画）を策定している

中小企業も増えてきた。この機会に防火・防災対策についての取り組み状況を聞き、必要であれば共に対策を考えることで、業務ごとの重要度や優先度、企業の強み・弱みを知ることができるので、是非声かけを行いたい。

❽ 政治・宗教・学歴等が話題となった

「申し訳ございません。これも個人情報の1つですからご勘弁ください。それはそうと、社長さんのご出身は○○でしたよね。確かそちらはおいしい梨や桃が採れる産地として有名だと思いますが、そろそろシーズンではないですか？」

●解説●

政治・宗教・学歴などの話題は、個人の主義・信仰などにも触れる話題のため、自分からこれらの話題を取り上げることは絶対に避けるべきである。特に、お客様から政治・宗教について聞かれた場合には、にこやかに「申し訳ございません。これも個人情報ですから」とやり過ごし、「それはそうと」「話は変わりますが」などとつなげて、すかさず別の話題に切り換えることだ。

また、学歴については、社長の年齢を考えた場合に、育った時代背景や家庭環境によっては、経済面等で高校・大学に進学したくても進学できなかったことも考えられる。学歴について劣等感を抱いていることもあるので、十分気を付けたい。社長のほうから出身大学のことを話題にした場合などを除き、地元が同じだったような場合でも、学歴の話題は義務教育である小・中学校までにとどめたほうが無難である。

❾ 取引先企業の得意先が倒産した

「正直に申し上げまして、今回のお得意先の倒産には少々驚きました。社長さんもこの数日は慌ただしかったのではないでしょうか」

「今回のことで御社にはどの程度の影響を見込んでいらっしゃいますか。今後の事業計画の見直しにあたっては、当行もご支援の態勢を整えたいと思いますので、どうぞ遠慮なくお申し付けください」

● 解説 ●

得意先が倒産した場合に確認すべきことは、その得意先に対する売上高のシェアと、貸倒れ金額の多寡にある。これらにより取引先企業の事業継続の可能性を判断するので、信憑性のある実態把握に努める必要がある。

具体的には、まず貸倒れ総額（割引手形を含む期日前受取手形・売掛金・納品前の製品等）を把握し、連鎖倒産の危険がないか確認する。倒産の危険がある場合には、取引先企業と共に善後策を検討する旨を申し出る。金融機関として支援する態勢があることを伝えると、少しでも取引先企業に安心感を与えることができるだろう。

もし連鎖倒産の危険性がなくても、今後の売上見込みを中心とした新たな事業計画の策定を共に考えるなど、事業の継続を最重点に置いた積極的な支援を申し出たい。

こうした緊急事態に対し、金融機関がどう対応するかということで、その後の取引も変わってくる。取引先企業の実態を十分把握せず、自行庫の債権保全を優先し、性急に割引手形を買い戻しさせたり、既存貸出金を回収したりすれば、信用・信頼を失い、場合によっては取引が解消されることもある。あくまでも取引先企業の立場に立ち、冷静で的確な判断・対応を行うことが必要だ。

コラム

筆者の現役時代の話❸

雨の日に傘を取り上げるな

大手銀行がメインで、当金庫が準メインの中小企業Ｃ社の得意先（Ｄ社）が、ある日突然、会社更生法を申請した。

これに伴い、メイン行はＤ社の割引手形の全額を早急に買戻しするよう依頼してきたという。併せて、既存の手形貸付についても期日どおり返済するよう求められており、Ｃ社の社長は困り果てていた。メイン行はＣ社社長へのヒアリングを一切行っておらず、現状の実態把握、今後の事業継続の見通しなどについてまったく確認していない状況下で、このような厳しい要求をしてきたのである。

筆者は、まず社長との面談を最優先で行い、その結果、当面の資金繰りに問題はないこと、事業継続の見通しが立つことが確認できた。当金庫としては、該当する割引手形は証書貸付に切り替えて長期分割返済とし、既存の手形貸付はそのときの状況を見て、期限がきた都度適時適切に対応するという方針となった。そして、今後必要となる運転資金についても前向きに検討していくという取組み方針で臨むこととした。

後日、メイン行も当金庫と同様の方針に変更することになったと、C社の社長から聞いた。C社は当初、メイン行からの要求を自己資金で対処し、将来不足すると考えられる運転資金は当行で資金調達する計画でいた。しかし、長い間メイン金融機関だったこともあり、せっかくの申し出なので、受けることにしたという話であった。

その後、一連の手続きも済み、社長の予測どおり事業は特に問題なく順調に進んでいった。そして、この件をきっかけに、当金庫はメイン金融機関として取引を行うことになった。つまり、社長はこの一件から、大手銀行と当金庫の対応や取組み方針の違いを十分理解し、思い切ってメイン金融機関を変更したのである。

C社の実状を考えず、自行の債権保全のためになりふり構わず貸出金の回収に走った大手銀行と、まず社長に対するヒアリングを行い、取引先の立場に立って事業継続のための方策をともに考えた当金庫との違いを、社長がしっかりと理解してくれたことに大いに感激した。Ｃ社と当金庫との取引は、その後も長く続いていった。

9

お客様の「断り言葉」に対する「話し方」「聞き方」

❶「銀行は間に合っている」と言われた

「さようですか、お忙しいところ申し訳ございません。既にいくつかの金融機関さんとお取引されていることでしょうから、これ以上必要ないということですね。メインの金融機関は、○○銀行さんあたりでしょうか？」

「○○銀行さんはこの地域でも評判がいいですし、十分ご満足されているということなんですね。私どもも○○銀行さんに負けず、お客様に役立つ提案をしていきたいと思っております。一度お話をさせていただけないでしょうか。無理にとは言いませんので、お気軽に考えていただければと思います」

解説

これは、訪問先の社長が面談を断る際に使う定番の〝決まり文句〟である。渉外担当者としては想定範囲内の言葉なので、軽く受け止めながら、柔軟に受け答えする。

社長がこのような言葉で面談を断るのは、「どの金融機関も似たり寄ったりで同じようなものだ」、すなわち「話を聞くだけ時間の無駄」という思いが背景にある。

こうした「断り言葉」に、面と向かって反論するような話をしてはならない。社長の話を肯定しつつ、やんわりと会話を進めていくことがポイントだ。

大抵の企業は、既存の取引金融機関に対して１００％満足しているというようなことはなく、大なり小なり不満を持っている。メインの金融機関をそれとなく聞き出せたら、その金融機関を褒め、「十分ご満足されているということなんですね」とつなげると、何かしら社長の表情や言葉に変化があるので、それを見逃さないようにしたい。

取引金融機関を教えていただけた場合のトーク展開例は次のとおり。

①取引金融機関と、自行庫の業態が異なる場合

「お取引されている金融機関は、すべて大手の銀行さんなのですね。つまり、同じ業

態の金融機関と複数取引しているということになります。大手の銀行さんですとスケールが大きく情報の質も高いですから、海外展開も行う御社には必要不可欠な取引かと思います」

「私どもは、特定の地域のお客様を対象として営業活動を展開する地域金融機関であり、経営方針や事業規模も大手さんとは異なります。地域に密着している分、このエリアならではの情報提供や、きめ細かい営業活動が可能です。それぞれの特徴を御社の事業に活かしていただけるよう、業態の違う金融機関を選択することも必要なのではないでしょうか」

②自行庫との取引メリットを説明する場合

「社長さんもお考えのとおり、金融機関にはそれほど大きな違いがあるわけではありません。ただ、私どもと取引していただくことで、メイン、準メインの金融機関さんと、比較検討していただくことができると思います。その土俵に上げていただくことはできませんでしょうか」

「私どもの金融機関では毎月の訪問活動はもとより、地域の新鮮な情報の提供、地方自治体・商工会議所・商工業組合などと連携した異業種交流会・ビジネスマッチング・各種経営相談・経営アドバイス・経営コンサルティングなども重点的に行っております。是非、ご検討をいただければと思います」

なお、社長が多忙でまったく余裕がないと思われる場合は、無理に取引金融機関を聞き出したりせず、「突然の訪問で失礼いたしました。また出直して参ります」と言って面談を打ち切る。この判断は難しいが、こちらのほうをあまり見ない、話を続けることに明らかな抵抗が見えるといった場合には、早々に引き揚げることも大切である。

❷「これ以上銀行を増やすつもりはない」と言われた

「お話から想像しますと、多くの金融機関さんとお取引されているということなのですね。失礼ですが、お取引されている金融機関の中には、口座はあるがほとんど動きがないというところもあるのではないでしょうか？」

「複数の金融機関と取引する場合には、都銀、地銀、信金あるいは信組の各業態からそれぞれ1行選択し、3行取引が理想です。私どもを含めた各業態の特徴や、企業として期待できるメリットについて、少しご説明させていただいてもよろしいでしょうか。この機会に、取引金融機関を整理することを検討してもよろしいかと思います」

●解説●

先に述べた「銀行は間に合っている」という断り文句は、「忙しいので応対している余裕がない」「金融機関に用事はない」「応対するのが面倒だ」とほとんど同義であり、実際、面談する時間がないことも多い。

これに対し、「これ以上銀行を増やすつもりはない」という言い方は少しニュアンスが異なる。比較的時間に余裕がある場合もあるので、状況を見て話を進めていく。

この場合でも、まず業態の違いを切り口にし、自行庫と取引した場合のメリットについてアピールすることが必要だ。「これ以上銀行を増やすつもりはない」という言葉の背景には、かなりの数の金融機関と取引があることが推測され、熱心にセールスされると断れないという社長の性格も垣間見える。これが事実であれば、金融機関をうまく使いこなすことができておらず、事務負担も大きい可能性があるので、金融機関を整理することを提案する。

その際には、自行庫を取引金融機関に加えてほしいということを前面に出すのではなく、「メイン・準メインを明確に区分することで、金融機関取引を安定させることができます」「事務負担も軽減されますし、業務効率が向上すると思われます」などと、企業にとってのメリットを伝えられるとよいだろう。

もちろん、自行庫との取引開始に結び付けるのが最終目標だが、少し遠回りにはなっても、この考え方が社長に理解されれば、取引も実現しやすい。

❸「銀行を増やすと経理事務の負担が多くなる」と言われた

「確かにおっしゃるとおりだと思います。過去に取引金融機関を増やし過ぎて、整理したことがおありになるのですか？」

「ということは、現在お取引されている金融機関は、各業態の特徴を活かせる金融機関をお選びになっているのでしょうか。差し支えなければ、取引金融機関を教えていただけるとありがたいのですが」

解説

このケースも、❷と同様に、少しは時間的余裕があると考えられる。展開としてはやはり、まずは業態の違いを切り口に話を進めていくことである。

「銀行を増やすとその分経理事務の負担が多くなる」と具体的な理由を口にするということは、過去に複数の金融機関と取引があり、事務の煩わしさなどから、一部の金融機関との取引を整理した経緯があることが考えられる。

これを繰り返さないためにも、「金融機関は増やさない」という方針なのだと感じとることができるが、問題は既存の金融機関で、現状、十分満足のいく取引が行われているか否かということである。

つまり、金融機関の「数」には満足しているかもしれないが、その先の、企業の真のニーズを満たしているかどうかは分からない。実際にはメイン金融機関が定まっていないということもあり得るので、その点も念頭に入れて話をしたい。

❹「銀行はどこも似たようなものだ」と言われた

「はい、確かにおっしゃるとおりかもしれません。取扱商品や預貸金の金利、各種手数料など、それほど大きな違いはありませんので、社長さんがそう感じられるのも当然のことと思います。しかし、事業規模や経営方針など、実態は大きな違いがあります。お忙しいところ恐れ入りますが、せっかくの機会ですので、私どもの金融機関の取組み方針について、少しお話しさせていただけないでしょうか」

解説

これもお客様からよく聞くフレーズであり、断り言葉の代表的な1つである。トーク展開としては「銀行は間に合っている」「これ以上銀行を増やすつもりはない」と言われた場合の対応とほとんど同じではあるが、このようなことを言う社長は金融機関全般に対しあまり良い印象を抱いていないことも多いので、いったんお客様の言葉を受け止め、肯定することが必要である。

できれば取引金融機関をヒアリングし、業態の違いを踏まえた自行庫の特徴の説明につなげたいが、その際に社長が金融機関の愚痴をこぼすようなことがあっても、便乗して他行庫の悪口を言ってはならない。先に述べたとおり、他行庫の悪口は自行庫の品格や見識を疑われるだけである。

❺「銀行は雨の日に傘を貸してくれない」と言われた

「思わずドキッとするお言葉です。実は、他の企業の社長さんからも同じことを言われたことがあります。お申込みいただいた融資が１００％実行できれば反論もできるのですが、なかなか現実はそういうわけにもいかず、心苦しい思いです」

「ただ、理由もなく融資をお断りする金融機関はないと思いますし、すべての金融機関が同じ考え方で対応しているわけでもありません。同じ条件でも、金融機関の方針により、傘を貸してくれるところもあるということです。よろしければ、私どもの経営方針・営業方針を聞いていただきたいのですが、いかがでしょうか」

● 解説 ●

「銀行は晴れの日は傘を貸すと言って、雨の日には貸してくれない」「銀行は雨が降ると傘を取り上げる」――これらは、金融機関は業績の良い企業に対しては積極的に融資セールスを行うが、業績が悪化した企業に対しては融資姿勢が消極的になる、あるいは融資を引き揚げるというたとえである。金融機関はどこも同じようなスタンスで、困ったときには力になってくれないという、経営者の嘆きを表す言葉だ。

このたとえを持ち出す社長は、過去の金融機関取引において苦い経験があると考えてよい。したがって、「決してそのようなことはありません」などと軽々しく反論すると、「何も分かっていないくせに」と社長の心情を逆なですることにもなりかねない。

筆者も現役時代、訪問先の企業の社長から、数えきれないほどこの言葉を言われた。使い古された言葉ではあるが、社長の苦労や悔しさがにじみ出た表現である。

この話を、金融機関の渉外担当者である自分にぶつけることで、日頃金融機関に対して抱いている鬱憤を晴らしているのではないかと筆者は感じた。そして、社長がおそらく長い間にわたってそのような気持ちを持ち続けていることに対し、金融機関で働く人間として、何か責任のようなものを強く感じたものだ。

社長からこのような言葉が出た場合は、ひとまず肯定したうえで、様子を見ながら話を進めていく。「理由もなく断ることはない」「その金融機関の方針にもよる」という話し方で社長の反応を見つつ、自行庫の話につなげられればベストである。

中小企業の社長であれば、融資が思いどおりの条件で進まないこと、時には貸してもらえない場合もあることなど、十分に理解している。にもかかわらずこうした話を振るということは、日頃の鬱憤をぶつけ、こちらの出方を見ている可能性もある。

過去に苦い経験があるのかもしれないということを念頭におき、社長に敬意を払って、誠実に応対することが最も大切である。

❻「定例訪問するといっても、ノルマ達成のためのセールスが中心でしょ」と言われた

「いえいえ、そんなことはございません。金融機関は金融支援のみを行っていればいいという時代でもありませんし、当行はお客様との日頃のコミュニケーションを大切にし、お客様が必要とする各種情報の提供や経営アドバイスなどの活動にも力を入れ、

バランスのとれた支援を目指しております。特に、地域の情報は大変重要かつ貴重なものと位置づけておりますので、お客様の経営活動のお役に立つものと信じております」

解説

これも、新規開拓活動中に企業の社長からよく言われる言葉である。こうしたことを言う社長には、「金融機関は自分たちの用事・都合だけで訪問してきて、こちらが要望することにはなかなか応えてくれない」という思いがある。つまり、金融機関の営業活動は、お客様を無視した自己中心的な活動であると言っているのである。

こうした話が出る背景には、現在取引しているメイン金融機関に対して何らかの不満を持っていることがあると考えられる。したがって、単なる「断り言葉」と受け取らず、お客様の不満を払拭するための提案をすることが必要となる。

金融機関が金融支援を行うのは当たり前のことであり、各種情報提供、経営アドバイス、経営コンサルティング、ビジネスマッチングなど、金融支援業務以外の活動にも注力したバランスのとれた活動をしなければ、良い相談相手としての役割は果たせない。このような活動が実践できるよう、日頃から「今、何か役に立てることはないか」という意識を持ち、取引先企業とコミュニケーションを図ることが必要である。

❼「もっと良い先に行けば」と言われた

「そんなことをおっしゃらないでください。是非御社にお取引していただきたく、お伺いしております。少しでも地域のお客様のお役に立ちたいと思っておりますので、お忙しいところ誠に申し訳ありませんが、少しお話しさせていただけませんでしょうか」

解説

これは、「事業規模が小さい当社などを相手にせず、もっと大きな企業のほうがいいのではないか」「ウチに来ても時間の無駄だ」といったようなニュアンスで、多少の嫌味を含んだ断り言葉である。

一見、自社を卑下しているようにも聞こえるが、実のところは「あなたの金融機関と取引する意思はない」という断り言葉であることを受け止めねばならない。

このような言葉で断られた場合には、「是非御社にお取引していただきたいと思ってお伺いさせていただきました」「そうおっしゃらずに、少しお話しさせていただけませんでしょうか」と切り返し、硬化している相手の気持ちを和らげることが必要だ。

少しでも場の雰囲気が変われば、相手が興味を示すような情報を提供しながら話を進めていく。

提供する情報は、地域や業界の景気動向、自行庫発行の統計資料・アンケート情報などで、なるべく地域性のある情報がよい。身近で新鮮な情報のほうが、興味・関心を引く可能性が高いからである。

初回面談ではそれ以上の話はせず、とにかく話を聞いてもらうことに神経を集中する。「まだ当行のご紹介をしておりませんので、また改めてお伺いしてもよろしいでしょうか」と次回訪問の了解を得て、面談は早めに終了することが望ましい。

10 お客様の不満・質問に対する「話し方」「聞き方」

❶「最近ずいぶん忙しいみたいだね」と言われた

「申し訳ございません。最近は少し余裕がなく、社長さんとのコミュニケーションが疎遠になっていました。私の力不足で社長さんにそのようなことを思わせてしまい、反省しております。おかげさまで、ようやく仕事が落ち着きましたので、これまでお役に立てなかった分を含めて挽回できるよう頑張ります。どうぞ何なりとお申し付けください」

解説

これは、「頑張って働いているね」という褒め言葉ではないので、思い違いをしてはいけない。

この言葉の裏には、①コミュニケーション不足に不満がある、②相談したくても気軽に相談できない、③情報提供がなく不満である、④もっときちんとしたアドバイスが欲しい、といったことが隠されている。つまり、渉外担当者に対し不満があるが、それをストレートには言いにくいので、遠回しな言い方をしてくれているのである。

お客様のこうした不満を察知できず、「本当に余裕がなくて…」「おかげさまで忙しくしております」といった言葉で済ませていると、気づいたときには他行に肩代わりされるかもしれない。日頃のコミュニケーションに対し、危険信号が出ているということを感じとり、取引先企業に対する活動内容をすぐに改める必要がある。

❷「必要な用事を済ませたらすぐ帰ってしまう」と言われた

「ご迷惑をおかけして大変申し訳ございません。私の活動時間の使い方が悪いことが原因です。至急改善いたしますので、何とぞお許しいただきたいと思います」

「もしご相談ごとがあるようでしたら、お聞かせいただけませんか。近々に社長さんとゆっくりお話しさせていただき、お役に立ちたいと思っていますので、どうかよろしくお願いいいたします」

●解　説●

取引先の社長からこのような不満が出た場合、至急改善策を検討しなければならない。時には渉外担当者に直接言うのではなく、上司に対するクレームとして「担当の○○さんのことなんですが…」という話が来ることもある。

こうしたことを一切口にせず、不満を溜め込んだうえに他行庫に取引を移されてしまうこともあるので、ありがたい指摘であると受け取り、対応しなければならない。

このような不満が発生する要因としては、①渉外担当者の仕事量が多く時間的余裕がない、②能力に問題がある、③相談に応える自信がなく精神的余裕がない、④事前準備が不足しており、お客様と会話を続ける材料がない、⑤企業の実態が把握できておらず、踏み込んだ話ができない、などが考えられる。自分で原因が分かる場合には、早急に改善し、お客様との関係を再構築するつもりで、今後の訪問を見直さなければならない。

また、上司にも報告し、店舗全体での改善策を検討してもらうことも必要である。要因が①である場合は、こうした不満を持つ先は1社ではないと想像できる。渉外担当者個人の活動状況を見直すだけでなく、店舗としての問題点・課題を洗い出し、場合によっては、担当先の見直しや事務負担の軽減、ＯＪＴの見直しなども必要になってくる。

❸「最近の金利情勢はどうなっているのか」と聞かれた

「現在の状況は、以前と比べて特に目立った変化はありません。何か気になるようなことでもおありでしょうか？」

「私どもといたしましては、御社へのご融資について、長期間の取引実績等を十分考慮したうえで、可能な限り低い金利を適用させていただいております。もし現在の金利にご満足いただけていないようであれば、具体的にお話しいただけるとありがたいのですが。ご希望に添えるかどうかは持ち帰って相談してみないと分かりませんが、誠心誠意検討させていただきます」

●解　説●

お客様からこのような問いかけがあった場合、「特に変わりませんよ」などと答えて簡単に受け流してはいけない。お客様は最近の金利情勢を知りたいのではなく、遠回しに金利引き下げを要求しているということを直感しなければならない。

お客様にも様々なタイプがおり、金融機関に対する要望をストレートに口にされるタイプのお客様と、間接的な言い方でこちらが察するのを待つタイプのお客様がいることを心得ておく必要がある。

こうした話を、単なる金利動向の雑談程度に受け止めて応対した場合、後日に他行庫から肩代わり資金が振り込まれ、取り返しがつかない事態となる可能性が高い。筆者の現役時代にも同様のケースがあり、今でも苦い経験として記憶に残っている。

ひと言、「何か気になることでもおありでしょうか?」と尋ねることで、お客様の本音を引き出すことができる。渉外担当者としては、「金利」というキーワードが出た時点で、鋭い感性を働かせなければならない。

❹「最近金利が下がっているようだが…」と言われた

「特に目立った動きはありませんが、何か情報でもございましたか？」

「御社へのご融資に係る金利につきましては、取引実績等を十分考慮したうえで、可能な限り低い金利を適用させていただいておりますが、念のため見直して参ります。失礼を承知でお伺いしますが、最近他の金融機関さんから融資のセールスを受けているというようなことはございますでしょうか」

解説

この発言は、「金利を引き下げてほしい」という直接的な要請ではないものの、先に述べた事例と異なり、明らかに金利の引き下げを示唆していると考えるべきである。他行庫からの融資セールスで、いわゆる「ディスカウント金利」を提示されていることも想定される。ただちに上司と相談のうえ、金利の見直しなど、今後の方針を決めることが必要だ。

このようなケースでは、曖昧な言い方をせず、「他の金融機関さんから、セールスを受けていらっしゃいませんか？」とストレートに聞いたほうがよい。セールスを受けている場合には、次のようなトーク展開となる。

「提示されている金利は、かなり低い水準ではないでしょうか。察するに、御社と取引したいがための『ディスカウント金利』と考えられ、かなり無理をしているように思います。こうした金利は長く続きませんし、金融機関との取引が金利だけではないということは、社長さんも十分承知されていることと思います。長きにわたり築いてきた当行との信頼関係は御社にとっても貴重な財産と信じておりますが、いかがでしょうか」

ポイントは、①ディスカウント金利は長く続かないこと、②目の前の金利でなく、定例訪問、資金繰り支援、各種情報提供、経営アドバイスなどの各種活動を総合的に評価していただきたいということ、③長い間の信頼関係はお互いにとって貴重なものであることを、きちんと言葉にして伝えることである。

とかく肩代わりセールスでは、金利を前面に打ち出した攻防が展開されるが、守る側の金融機関としては、簡単に金利競争に巻き込まれてはならない。

あくまでも自行庫の経営スタンスを遵守した対応が必要であり、お客様が金利だけに惑わされないためにも、日頃から信頼関係を積み重ねる地道な活動を行う必要がある。

❺「近隣他社の景気はどうなのか」と聞かれた

「この経済環境ですから、収益面で苦労している企業が多いように見受けられます。御社と同じような業種でも、売上面は問題ないが、利益が売上に伴わないといった話をよく聞きます。得意先からの受注単価が改善されないことや、原材料費の高止まりが大きく影響しているようです」

「御社はこの数年、売上の増加とともに収益性も向上し順調な状況で推移していますが、他社はなかなか同じようには進んでいません。御社のような元気な企業は地域の牽引役ですから、引き続き頑張っていただきたいと思います」

●解説●

他社の景気動向を気にする発言は、社長が自社の経営状況と比較して、他社がどのような状況にあるかを大いに気にしているという表れである。

これは、経営者として知りたい情報の1つであり、地域の金融を担う金融機関の担当者から、何か実のある情報を聞き出したいと思っている。つまり、この情報により自社の現在の状況を確かめ、今後の経営活動の参考にしたいということである。

もちろん、他社の機密情報を教えるようなことがあってはならないが、こうした質問には、差し支えない範囲で情報提供をすべきである。「差し支えない範囲」というのは、具体的な会社名を挙げずに、「全体的な傾向」を話すということである。

例えば、「自動車関連業種は、昨年度に引き続き、全体的には好調に推移している模様です」「機械部品製造に係る業種はこのところやや低調な傾向にあります」「土木・建設業の受注高は増加傾向にありますが、相変わらず人手不足が改善されず、大きな課題となっているようです」というような情報提供の仕方となる。

また、「全体的には、相変わらず人件費・材料費等が高止まりしているため、売上が増加しても、それが利益に結びついていないというのが実情です」など、業種全体の総合的な問題点や課題などを交えたコメントも有効な情報となる。

❻「今後の景気の見通しについてどう思うか」と聞かれた

「これは大変悩ましいテーマですね。正直に申し上げまして、私には分かりかねます。新聞や雑誌等で、多くの専門家が将来の景気の見通しに関する見解を述べていますが、その内容は千差万別であり、結論を導き出すのはなかなか難しい状況です」
「こちらは、私が日頃から参考にしている景気動向に係る資料ですので、よろしければご覧ください。少しでもご参考になればと思います」

● 解説 ●

中小企業の経営者にとっての最大の関心事は、資金繰りと並んで、やはり売上高の増強である。そのため、将来の景気の見通しについて心配することは当然であり、世間話の1つとして「景気」の話題が出ることも多い。

しかし、将来の見通しについては、経済学者、経済評論家などの専門家の間でも考えが割れ、予測が難しいことから、渉外担当者としては迂闊なことを言うべきではない。

このような質問に対応する方法は、事前に収集している情報を経営者に提供し、後は経営者自身で判断してもらうことである。日頃から、新聞や経済雑誌、各行政機関のホームページ、インターネットに公開される各種景気動向調査、商工会議所や商工業界の調査結果、自行庫独自の景気動向調査結果などに関心を持ち、情報収集することが大切である。

❼「どこかいい会社があれば紹介してほしい」と言われた

「得意先のご紹介ということでよろしいでしょうか。御社の前期の業績は比較的順調であったと記憶していますが、今期に入ってからは何か変化がございましたか？」

「さっそくご紹介先を探したいと思いますが、私どもの店舗だけでなく、本部を通じて全店に依頼しますので、今しばらくお時間をいただければと思います。また、首尾よくご紹介できた場合、取引条件等につきましては、私どもは一切関知いたしません。当事者間で合意のうえ、取引を開始くださいますようお願いいたします」

●解説●

昨今、取引先同士のビジネスマッチングに力を入れている金融機関も多いだろう。企業のニーズも高く、こうした話を受けた際は、可能な限り対応しなければならない。

紹介する「取引先」の対象には得意先と仕入先（外注先を含む）があるが、「どこかいい会社があれば紹介してほしい」と言われた場合、ほとんどは売上高の増強を目的とした得意先の紹介を望んでいる。

紹介先を探すにあたっては自店だけに留まらず、本部を通じて全店的に依頼することになると思うので、あらかじめ少し時間がかかることを伝えておく。また、紹介に際しては、どちらの企業も経営内容に特に問題がないと認められることが大前提となるが、あくまで「紹介する」という行為だけに留めること。取引条件その他は当事者間で決めてもらい、関知しないことである。

ただし、紹介して終わりではなく、その後順調に取引が行われているか、当事者間で問題が発生していないかなど、モニタリングすることが必要である。アフターフォローまでを含めての「ビジネスマッチング」といえる。

コラム 筆者の現役時代の話❹

前触れなき肩代わり

筆者が融資渉外係の担当役席であった当時の話である。部下が担当している取引先E社の口座に、ある日突然、他行から多額の資金が振り込まれた。振込後間もなくお客様が来店し、既存の借入金全額を返済すると言う。肩代わりであった。

肩代わりの理由は金利である。何の前触れもない出来事だったので、応対した筆者は、「これまで長い間お取引をいただいておりましたのに、どうして一度だけでもご相談いただけなかったのでしょうか」と尋ねた。

お客様からの回答は、次のようなものだった。

「実は1カ月以上前にご担当の方にお話ししたのですが…。その後何のお話もないので、日頃から熱心にセールスに見えていた金融機関さんにお願いしたというわけなんです。ご担当の方から上司であるあなたに、私が金利引き下げを要望しているという報告はなかったのですか？」

そんな話は聞いたこともなかったので、お客様が帰られた後、さっそく担当者に確認した。担当者は、「そういえば、お客様から『最近の金利情勢はどうなっているのか』と聞かれたことがあり、『目立った変化はございません』と答えました。その話が、まさか金利引き下げの要請だとは思ってもみませんでした…」とガックリ肩を落とした。筆者としても、部下に対する指導力不足を痛感させられる出来事だった。

大きな授業料を払い、担当者である部下にとっても苦い出来事であったが、その後、金利の話が出たときに敏感に反応できるようになったことを考えれば、良い経験であったと思う。

お客様の性格は千差万別であり、金融機関に対する話し方もいろいろである。金融機関に対する要望をストレートに切り出してくる人もいれば、間接的な言い方をして、こちらの出方を見る人もいる。

日頃から社長の性格を把握し、何を考え、何を求めているのか、注意深く観察して対応していかなければならない。

第５章

場面別 最強の渉外トーク＜個人編＞

個人先での様々な場面における、具体的な「話し方」「聞き方」を紹介。プライベートな話をいかにうまく聞き出し、セールス・提案につなげるかがポイントである。

1　親近感を深める「話し方」「聞き方」

❶ 玄関にある飾り物などを話題にする

「こちらに飾ってあるものは何というのでしょうか。もしかして、お客様の手作りですか?」

「パッチワークキルトですか…。てっきり、どちらかでお買い求めになられたものと思っていました。それにしても美しいですね。つい見入ってしまいます。これだけのものを作るには、時間もかかったのではないですか?」

解説

新規先・既存先を問わず、親近感を深めるためにはお客様に気に入ってもらわなければならない。親近感が深まれば信用・信頼も高まり、成果にもつながることになる。事前に話材を準備することも必要だが、訪問先への道中やお客様のご自宅など、あらゆるところに話材はある。街路樹や花、建設中の建物、お客様の自宅の庭、自家栽培の作物、自家用車など、すべてが話材になる。あまり難しく考えず、周囲の状況に少し目を向け、ちょっとしたことでも気に留めて話のネタとする心がけが必要だ。

自宅の中に入ることができた場合、玄関やリビングは話材の宝庫である。大抵の場合、そこにはご主人や奥様の趣味に関係するもの、こだわりのあるものが飾られているので、これを切り口にしたい。

飾られているものに対しては、褒めたり質問したりして、興味や関心を示すことで、お客様の自尊心をくすぐることができる。

手作りのものなら、どうやって作るのか、どれくらい時間がかかったかなどを質問することで、話が展開する。旅先で撮った写真などであれば、どこで撮ったのか、旅行にはよく行くのかなどを聞くことで、時間的・経済的な余裕を垣間見ることもできる。

話題については、お客様の年齢や家族構成、住宅環境、勤労状況などに配慮して選択することが。的外れな話題を選択すると、かえって印象を悪くすることもあるので、気をつけたい。

また、話が長くならないよう注意することも必要だ。雑談は、あくまでもセールスに入るためのアプローチである。

❷ 若さを褒める

「私の父とご主人は同じような年齢ではないかと思うのですが、差し支えなければお誕生日を教えていただけますか?」

「そうなると父より10歳年上ということになりますが、同じくらいにしか見えません。本当にお元気で若々しいと思います。若さの秘訣は何でしょうか」

●● 解　説 ●●

人は誰でも褒められれば悪い気はしない。個人のお客様の場合でも、褒める材料を探すことは大切であるが、企業の場合と異なり、何をどう褒めればよいか迷うこともあるだろう。

高齢のお客様の場合、「若さ」を褒めると効果的なので、タイミングを見ながら話題として取り上げてみてほしい。ただ褒めるのではなく、「若さの秘訣は何ですか？」と尋ねることで、趣味などの話にも展開し、話の広がりが期待できる。

ただし、わざとらしい褒め方には注意しなければならない。お客様によっては反感を買い、逆効果となるおそれもあるので、お客様の様子や性格などを見極めて話題にする。

❸ 子育てが終わったことに労《ねぎら》いの言葉をかける

「お子様のご就職先が決まったとのこと、おめでとうございます。ここまで来るには大変なご苦労があったと思いますが、『長い間お疲れ様でした』と申し上げたいです。これで子育てが一段落し、ひと安心されたのではないでしょうか。今後はご夫婦でお過ごしになる時間が多くなりますので、様々なご計画を立てるのも楽しいですね」

●解説●

人生の中で、夫婦にとって子育ては最も重く、責任のある仕事である。あなたも両親にいろいろと苦労をかけながら今日に至っていると思うが、子育ての苦労は、育てる側の立場に立ってみないとなかなか分からないものだ。

親として、とりあえず子育てが終わったと感じるのは、子供が社会人となり、働きはじめたときである。それまで子育てに費やしていた時間から解放され、自由になったとき、はじめて子育てが一段落したと感じるのではないだろうか。

したがって、お子さんの就職先が内定した、就職した、といった話を聞いた際には、労《ねぎら》いの言葉をかけたい。

もちろん、人によって感じ方は様々なので、就職したからといって、子育てが終わったとは考えていない人もいる。また、男性と女性とでは感じ方に違いがあり、女性の場合は「空の巣症候群」といって子供の独立後、虚無感や孤独感を感じる人もいるので、お客様の様子を見ながら言葉を変えることが望ましい。

❹ペットを褒める

「可愛いワンちゃんですね。このワンちゃんは何という種類なんですか？」
「お名前は何というのですか？　○○様のお宅で大事にされている△△ちゃんは、本当に幸せそうですね。ずいぶん優しい目をしています」

解説

犬や猫などのペットを飼っているお客様には、ペットを褒めることで、親近感を深めることができる。ペットを飼っている人は「家族の一員」として愛情をかけているものなので、そうしたお客様の心情を理解したうえで褒めることが大切である。

想定される質問としては、種類、名前、オスかメスか、年齢などがあるが、よく見かける犬種くらいは覚えておきたい。種類が分からない場合には「このワンちゃんは何という種類ですか？」と、積極的に尋ねれば、お客様は喜んで教えてくれるだろう。

ペットを褒める場合、「可愛いですね」という言葉がまず先に思い浮かぶが、大人しいペットの場合は「お利口ですね」、走り回っているような場合は「元気いっぱいですね」と言うことができる。また、首輪や洋服など、ペットが身に着けているものに注目して褒めることもできる。

ペットに触れる場合は、「触ってもよろしいですか」と、必ずお客様の了解をとること。触る場合は、腰をかがめるなどして、目線をなるべくペットに合わせるなどの配慮も必要だ。

❺ペットが亡くなったとき

「えっ！　△△ちゃんが亡くなったのですか…。それはご愁傷さまです。ご心痛、お察しいたします」

「きっとご近所の方たちも寂しく思っていることでしょう。本当に残念です。どうぞお力を落とされることのないよう、気持ちを強くお持ちいただきたいと思います。ご家族の皆様にあれだけ可愛がってもらっていた△△ちゃんは本当に幸せだったと思います」

●解説●

家族の一員と思っているペットが亡くなったときの落胆は大きい。簡単に考えず、お客様の心情を察した言葉をかけることが大切である。

まずはお悔やみの言葉をかけ、お客様の悲しみを悼むよう努める。埋葬までペットのお骨が自宅にある場合もあるので、ご焼香・献花などをすることも考えておく。中には、ペット専用の墓地に埋葬したり、位牌を作りペット用仏壇に置くなど、人間と同じように供養しているお客様もいる。それだけ大切に思っていたということなので、場合によっては、一周忌・三回忌などの場合にもそれなりの対応が求められる。

お客様の辛い気持ちを十分斟酌し、心のこもった対応を行うことだ。このようなときに優しい言葉をかけてもらったということを、お客様は忘れないものである。

❻ご近所の噂について聞かれた

「そうなんですか、そのような話があるのですね…。ご近所でそのようなお話が広まっているとはまったく知りませんでした。今初めて聞いたことですので、お役に立てず、申し訳ございません。ところで…（話題を変える）」

解　説

人は噂話が好きである。噂話は良い話もあれば悪い話もあり、特に悪い話の場合は瞬く間に広まり、そのスピードは驚くほど速い。お客様の中には、ご近所の噂話が好きな人もいるが、徹底して関知しない姿勢が必要である。

特に、悪い噂話の場合、プライバシーの侵害になったり、対象となっている人に精神的ダメージや何らかの不利益を与えることも考えられ、リスクが大きい。もし知っている話題だったとしても、「そのようなことは初めて聞いた」「お役に立てず申し訳ない」と言って、速やかに話題を変えることが必要だ。

ただし、地域の中での重要な情報の場合もあるので、内容次第では噂話であっても上司に報告し、自店内の共有情報として注意・管理したほうがよい。

2 セールス・提案につながる「話し方」「聞き方」

❶ 洗濯物から世帯情報を収集する

「今日は良いお天気で、絶好のお洗濯日和ですね。洗濯物も気持ちよさそうにしているように見え、爽やかな気分になります」

「それにしても、洗濯物の量も多く、毎日が大変そうですね。お子様のものもずいぶんと多いようですが、何人家族でいらっしゃいますか。差し支えなければ、教えていただけませんか？」

●解説●

個人を対象とした融資商品には、住宅ローンや教育ローン、カードローンなどがある。こうした商品のセールスにあたっては、お客様の家族構成等の世帯情報を収集することが必要であり、それはセールス活動の推進には欠かせない情報である。

世帯情報の収集には様々な方法があるが、洗濯物からもある程度の情報を得られる。例えば、子供の洋服から見た男女の区別と推定年齢、ご主人や奥様の作業服・制服などから見た勤務先や職業などである。

これらの情報はセールスする商品を絞り込むために役立てることができる。何ら情報もなく、的外れなセールスを行っていては、時間を無駄にしてしまう。

ただし、お客様にとってみれば、洗濯物を見られるのはあまり気持ちの良いものではない。洗濯物から推測したというようなストレートな物言いではお客様の心証を悪くしてしまうので、その点に十分注意した話し方が必要となる。

したがって、「洗濯物を見たのですが」といった話し方ではなく、あくまでも自然な流れで、お客様の口から情報を得られるような聞き方をするのが理想である。

❷ 子供の乗り物・玩具などから家族情報を収集する

「玄関に補助輪付きの自転車がありますが、お子様のものですか？」
「他にも、いろいろな玩具がありますね。外で遊ぶ玩具類は、私が幼いころとあまり変わっていないように思います。男の子のものと女の子のものがありますが、お子様はお二人ですか？　にぎやかでいいですね」

●解説●

戸建て住宅の庭や玄関付近、あるいはマンション・アパートなどの玄関付近に、子供の自転車やベビーカー、玩具類が置かれていることがよくある。これらからは、子供の数や年齢、性別などが概ね推測できるので、これをきっかけとして、家族情報の収集に努めたい。

子供がいる家庭では、子供の成長に合わせて、教育資金の積立や教育ローンを案内することができる。場合によっては、増改築を目的とした住宅ローンやリフォームローン、車の買換えに伴うカーローンなどの案内につながることもあるので、積極的に情報収集したい。

子供が小さければ、まずは積立や学資保険の案内が考えられる。タイミングを見て「教育資金については、具体的に考えていらっしゃいますか?」と聞いてみるとよい。

❸ 駐車場の自動車からカーローンを提案する

「駐車場にあるお車ですが、丁寧にお使いですね。日頃のお手入れが行き届いていることと、大切に乗られていることがよく分かります」

「ところでステッカーを拝見したところ、そろそろ車検の期限が近づいているようですが、お買換えはお考えですか。もしお買換えになられるようでしたら、当行のマイカーローンをご利用いただければと思います。こちらがそのチラシですので、ご検討いただければ幸いです」

●解説●

個人向けのローンとして、住宅ローンと並ぶ代表的な商品がカーローンである。若者の車離れが進んでいるとはいえ、自動車は生活必需品となっている場合も多く、それなりの需要が見込まれる。

マイカーの買換え時期は、車検の期限と密接に関わりがある。車検には一定の費用がかかるため、その期限を見据えて買換えを行う人が多いからだ。そのほか、走行距離や機能性、燃費、デザイン、家族の増減など、買換えの理由は様々だが、車検の期限はフロントガラスのステッカーを見れば一目瞭然なので、まず注目するようにしたい。

セールスの際は、「ステッカーを見たところ、そろそろ車検の期限ですね」などと急に切り出すと、お客様の心証が悪くなってしまう。手入れが行き届いていること、丁寧に使っていることなどを褒めてから、本題を切り出すようにしたい。

❹ 自宅の外観からリフォームや改築の予定を聞く

「最近、ご近所ではお住まいの増改築やリフォームを行っているお宅が多いようですね。〇〇様のお宅は、お見受けしたところ、まだそれほど年数が経っていないように思われますが」
「そうですか、もう築〇年になるのですね。お手入れが行き届いているせいか、それほど経過しているようにはとても思えません。今後、何かリフォーム等のご計画はおありですか？」

● 解説 ●

戸建て住宅を対象としたローン商品には、増改築ならびにリフォームを目的とした住宅ローンやリフォームローンがあり、加えて他行住宅ローンの借換えもある。

増改築やリフォームについてはそれぞれの家庭の事情もあり、提案のきっかけをつかむのが難しいが、建物の外観は1つの切り口になる。ただし、建物の見た目が古いことについてのストレートなもの言いや、古さを強調するような発言はお客様の心証を害するだけなので、その点について十分注意・配慮した話し方が必要である。

❺ 二世帯住宅先の家族構成を確認する

「先日、お孫さんと歩いているところをお見かけしました。可愛い女の子ですね。お孫さんはおいくつでいらっしゃいますか？」

「こちらの建物に二世帯でお住まいでございますね。他にもお孫さんがいらっしゃるのですか？」

「そうですか、にぎやかで楽しそうなご様子が目に浮かびます。○○様はお孫さんのお世話に家事にお忙しいことと思いますが、あまりご無理をされてお疲れにならないよう、お気を付けいただきたいと思います」

解　説

個人先に対するセールスでは、お客様のニーズをつかむことが一番のポイントだ。ニーズがつかめればセールス商品の絞り込みができ、的確なセールスを行うことができる。

二世帯住宅の場合、家族が多いので、その分ニーズの幅も広い。家族構成を知ることができれば、セールスのチャンスを広げることができる。

また、二世帯住宅の親世帯とは長い取引があっても、同居を機に引っ越してきた子供夫婦の世帯とは取引がないこともある。そうした場合、まずは親世帯に子世帯の家族構成をヒアリングし、子世帯を紹介してもらうことで、スムーズに取引開始となるケースもある。

二世帯住宅であるかどうかは、建物の造りからある程度判断できる。なお、玄関が1つであっても、表札やインターフォンが2つある場合は、内部で分かれている二世帯住宅の可能性もある。

❻ お子さんの婚約・結婚の予定を聞いたとき

「以前、お嬢様がそろそろご婚約されるかもしれないという話を聞きましたが、その後いかがなさいましたか？」

「○月に結婚が決まったのですか。それはおめでとうございます。これからご結婚まで、何かとお忙しくなりますね。一人娘のお嬢様の結婚ともなるといろいろな思いがわいてくるかと思いますが、おめでたいイベントは楽しみですね。ところで、お嬢様はご結婚後どちらにお住まいになられるのですか？」

解　説

以前、お客様と面談した際に話題となったことについて、改めて聞いてみることもセールスの大切な手法である。子供の婚約・結婚の予定などを聞いた場合はメモしておき、後日、改めて状況を聞いてみるとよい。

最初に情報を得た時点では具体的なことが決まっていなくても、時間の経過とともに様々なことが具体化し、ローンのニーズが出てくる場合がある。例えば挙式費用が具体化して子供夫婦へのブライダルローンの提案につながったり、結婚後の同居・増改築に伴い、リフォームローンのニーズが発生したりする。後者の場合は、「結婚後は、どちらにお住まいになるのですか？」という問いかけで、同居の予定をさりげなく聞くことができるだろう。

将来、ローン商品の提案に結び付くようなお客様からの話は、しっかりと記録・管理し、活用していくことが大切だ。

❼ 相続税対策について聞く

「平成27年以降、相続税の基礎控除額が引き下げになったことをご存じですか。こちらがその内容ですが、基礎控除額が大幅に引き下げられたことで、相続対策を考えられる人が増えています。失礼ですが、〇〇様はこれまで何か対策を考えられたことはありますか？」

「お客様の年齢から考えると少し早いような気もいたしますが、早めに準備するに越したことはありません。そろそろお考えになってもよろしいのではないでしょうか。当行には相続相談専門の窓口がありますので、ご興味がございましたら、いつでもご相談ください」

解　説

昨今、「終活」「エンディングノート」といった言葉が話題になる。50代、60代といった比較的若い世代でも、相続に関心の高い人が増えてきた。

相続にあたり、「相続税対策」は最も重要なことの1つである。通常の場合、一般のサラリーマン家庭では課税遺産総額が基礎控除額の範囲内で収まるため相続税の心配はないが、そうでない家庭の場合、相続税対策を早めに検討する必要がある。

事前に相続税対策を講じた場合とそうでない場合とでは、相続財産の残存割合も異なる。お客様に対しては、計画的に対策を講じておく必要があるというアドバイスが必要だ。

相続税をはじめ、主な税金については毎年の税制改正のチェックを怠らず、お客様に情報提供できるようにしたい。

3 借換え提案に関する「話し方」「聞き方」

❶ シミュレーション表により借換えメリットを示す

「こちらのシミュレーション表をご覧ください。登記料や印紙税などの費用を考慮しても、これだけのメリットが生まれます。この機会に、是非借換えをご検討されてはいかがでしょうか」

「書類の準備など、手続きに関しては最後までサポートいたしますので、どうぞご安心ください。もちろん、大変重要なことですので、ご主人とも十分ご相談していただき、お返事いただければと思います」

●● 解説 ●●

借換え提案において、作成したシミュレーション表に基づき、具体的なメリットを提示するのは最も重要な局面である。お客様に十分なメリットがある場合には、自信を持って、かつ冷静に借換えを勧める。目に見えるメリットを示しても、お客様の中には「何かと面倒くさそう」「手続きが複雑そう」と感じて積極的になれない人も多いので、きちんとサポートすることを伝えたい。

ただし、どれだけメリットがあっても、強引な勧め方はしないこと。意思決定はあくまでもお客様に任せ、誠実な勧め方をすることが必要だ。

❷ 借換えメリットがないとき

「こちらがシミュレーション表ですが、ご覧のように登記料や印紙税などの費用を考慮すると、残念ながらメリットはほとんど発生しない結果となりました。今回は借換えを見合わせた方がよいかと思いますが、いかがでしょうか」

「ただし、将来の金利動向によっては、金利プランを変更したいといったこともあるかと思います。その際には是非ご相談いただければと思います」

●● 解説 ●●

借換えメリットの有無は、既存住宅ローンの借入金残高・金利・残存期間などにより、ある程度予測できるが、シミュレーション表を作ってみないと分からないようなケースもある。このようなケースでは、メリットがない場合にお客様をがっかりさせてしまうので、シミュレーションを行う前に、あまり期待を持たせるような話し方をしないことが大切である。

シミュレーションの結果、現時点ではメリットが出なかったとしても、将来、金利プラン変更などのニーズが出てくる可能性もある。そうした場合にまず相談してもらえるよう、ひと言添えておくことが必要だ。

❸ 固定金利と変動金利、どちらがよいかと聞かれた

「そうですね…金利の選択は本当に悩ましいところです。シミュレーション上は変動

金利への借換えのほうが大きなメリットが出ていますが、今後もこの低金利が続くのか、それとも上昇していくのかは専門家でも明確な予測ができない状況です。どちらにもメリット・デメリットがございますので、十分ご検討のうえ、ご決断いただければと思います」

●解　説●

住宅ローンに係る金利の種類・形態は全期間固定型、固定期間選択型、変動金利型と様々であり、借換えの際、どれを選択すればよいか、お客様から聞かれることも多いだろう。

お客様も住宅ローンを組む際、絶対的な根拠がない状況の中で「とりあえずこの金利タイプでいいか」という具合に選択していることが多いため、借換えにおいても「一番得するプランでお任せします」などと言われることがある。

しかし、金利動向については専門家でも予測が難しく、迂闊な発言は避けなければならない。金利選択はお客様自身に行っていただくことが何より大切だ。

そのため、金利の仕組みやそれぞれのメリット・デメリットの説明は、お客様が納得するまで行わなければならない。後日のトラブルを生じさせないためにも、徹底することを肝に銘じておきたい。

❹ 手続き・諸費用等について説明する前に

「これから、お借換えの住宅ローンのご説明と、諸費用などについてお話しさせていただきます。基本的にはこちらのパンフレットを使いながらご説明させていただきますが、ご不明な点がございましたら、どうぞ遠慮なくその場でご質問ください」

「本日はご説明しなければならない大切なことが多くあります。その分、少々お時間がかかりますが、ご了承いただけますでしょうか」

●解説●

住宅ローンをご利用いただく際には、手続き、諸費用などについて、お客様に対し説明しなければならないことが数多くある。丁寧で分かりやすい説明を行うのはもちろんのこと、時間がかかることが分かっているときには、アポイントの段階や、説明を始める前に了承を得ておくのが望ましい。

説明にあたっては、極力専門用語を避け、お客様が理解しやすいよう、「ここまでは大丈夫でしょうか」「今までのところで、ご不明な点などはございませんでしょうか」と、途中の要所要所で確認する。お客様は、分からないことがあっても、一方的な説明が続いていると、なかなか言い出しにくいものである。

後になって「そんな話は聞いていなかった」などとクレームにならないよう、説明漏れや確認ミスには十分注意しなければならない。

❺ 申込みのための書類をお願いする

「本日は、借換えのためのローン申込書をお持ちいたしました。必要書類につきましては、こちらのリストをご確認ください。分からない書類はございませんか？」

「審査が通りましたら、実行のための書類が別途必要になりますので、その際はまたご案内させていただきます。最後まで責任を持って手続きを進めさせていただきますので、どうぞご安心ください」

●解説●

実際に借換えを進めることになったら、具体的な手続きに入っていくことになる。手続きは、親切・丁寧で分かりやすい説明、スピーディーな作業を心がけることが何よりも大切だ。必要書類のリストなども、ただ渡すだけでなく「分かりにくい部分はございませんか？」と尋ね、お客様の不安を取り除くことが必要である。

決裁後、実行手続きにあたっては、別途契約書類が必要になる。これについてあらかじめ伝えながら、最後まできちんと手続きさせてもらうことを伝えると、心証が良くなる。

第６章

業種別
セールス・提案に
つなげる会話術

５業種を取り上げ、セールス・提案のためのトーク展開を会話形式で紹介する。各業種特有の課題やニーズを踏まえ、会話の引出しをたくさん用意しておきたい。

1　製造業へのセールス

❶ 見込み生産企業で資金繰り対策を検討する

銀行員　御社のような見込み生産の企業ですと、生産計画を立てるのにも非常に神経を使われると思いますが、資金繰りのお悩みなどはありませんか。

社長　正直、ちょっと厳しくてね。計画に比べて売上が伸びなかったから…。

銀行員　そうですか、計画に対し売上が伸びなかったことが原因で在庫が膨らみ、資金繰りがタイトになっているのですね。見込み生産ですと、売上の良し悪しで資金繰りが大きく変わってくることが悩みの種かと思います。在庫の解消策や在庫処分の計画などについて、一緒に対策を考えたいと思いますが、いかがでしょうか。

● 解説 ●

製造業を大別すると、見込み生産と受注生産のいずれかに分類できる。見込み生産の場合、部品や原材料は見込みの生産計画に従って調達される。その分、資金繰りにはより注意が必要となるが、原材料ごとに単価、支払条件、在庫量等が異なるため、在庫する原材料の種類が多く、製造工程が複雑な場合には、社長からのヒアリングも混み入ったものになりがちだ。このような場合、企業の事業概要を把握したうえで、社長にズバリ、「資金繰りのお悩みはありませんか」「資金繰りのお悩みは何ですか」とざっくばらんに問いかけたほうが、必要な情報をすぐに引き出すことができる。

資金需要が発生する状況としては、次の2つのことが考えられるが、それぞれ対応のポイントは以下のとおりである。

①まずは計画に対して売上が伸びず、完成品や原材料の在庫が膨らんだケースで、在庫処分による損失補填のための資金需要が発生する。この場合は、具体的な在庫解消策や在庫処分計画などを詳しくヒアリングし、その妥当性を検討することがポイントとなる。

②計画以上に売上が伸び、原材料などを追加調達するための増加運転資金ニーズが

発生するケース。この場合は、売上が伸びた要因をヒアリングし、必要金額の妥当性をチェックして積極的に取り組むことが必要である。

❷ 受注生産企業で資金繰り対策を検討する

銀行員　御社の場合は受注生産ですから、通常であれば製品や原材料の在庫ロスが発生するというようなリスクはほとんどないと考えられます。急な資金不足もなかなか発生しないように思いますが、資金繰りはいかがですか？

社長　まあなんとか回っているけど、厳しいときもあるね。

銀行員　そうですか…。現実問題として、急に資金が不足するようなこともあるのですか？

社長　そうだね。通常は大丈夫だけど、複数の受注が同時進行で進んでいるときとかね。

銀行員　それはおそらく、受注ごとの資金管理ができていないことが原因と考えられます。事業を安全に継続していくためには、至急改善したほうがいいかもし

れませんね。よろしければ、財務改善について社長さんと一緒に考え、実施できたらと思いますが、いかがでしょうか。

●解説●

受注生産の場合には、製品や原材料の在庫ロスが発生するリスクはほとんどないと考えてよい。通常の場合、受注元、受注内容（製品内容、受注金額、納期、必要な原材料）、支払い条件などについてヒアリングのうえ実態把握を行い、運転資金ニーズが確認できれば、積極的に取り組む。

ただし、複数の受注に伴う生産活動が同時進行しているような場合、資金繰りがいわゆる「どんぶり勘定」になっていて、それぞれの受注に対しての収支ズレが不明確になっている取引先もある。このようなケースでは、突然資金ショートするおそれがあるため、受注ごとに資金繰りを管理するようアドバイスし、資金繰り表に基づき不足する資金を算出して、財務改善を実施するよう提案したい。

❸ 既存設備借入金の返済状況をヒアリングする

銀行員　最近、設備投資を行ったことはございませんか。

社長　3カ月ほど前、業務改善のために一部の機械を買い換えたよ。

銀行員　そうですか。それで、その後何かお困りのことが生じているようなことはございませんか？

社長　ちょっと資金繰りが窮屈になってね。そこは少し心配しているけど…。

銀行員　毎月の返済金が負担で、資金繰りに余裕がないのがご心配ということでございますね。借入返済金が、御社のキャッシュフローの範囲内に収まっていないということが一番の要因ではないかと考えられます。今後の事業継続に支障が生じないよう、資金繰りの立て直しを図る必要があるのではないでしょうか。

社長　資金繰りの立て直しねぇ…。確かに、もう少し余裕があったほうがいいとは思うが…。

銀行員　設備投資の費用対効果について、改めて検証することも大事なことだと思います。良い機会ですので、私も一緒に検討させていただきたいと思いますが、お願いできますでしょうか。

●解説●

企業に設備投資の借入金がある場合には、毎月の借入金約定返済額（借入金返済期間）と企業のキャッシュフローとが整合しているかについての確認が必要だ。返済がきつくなっている場合、①設備投資を実施した当時の業績が徐々に落ち込んだことでキャッシュフローも減少した、②返済期間を耐用年数よりも短く設定した、③当初からキャッシュフローの範囲を超えた返済金額（返済期間）を設定した、④設備投資そのものに無理があった（過大な設備投資を行った）、などが原因として考えられる。

投資した設備資金は製造原価にコスト、すなわち減価償却費として算入された後、製品となって回収され、借入金の返済原資になる。したがって、「製造原価に算入した金額（減価償却費）」と「借入返済額」とが整合していることが重要なポイントとなる。

仮に、返済額のほうが大きければ資金繰りは当然に悪化するので、このようなケースでは、借入金の返済期間を延長して毎月の借入金約定返済額を減額し、借入金返済の負担を軽減する必要がある。すなわち、資金繰りの負担を軽減するための財務改善を目的とした「肩代わり」の提案が有効となる。

また、設備投資によって得られる効果、つまり、収益にどの程度貢献しているかという費用対効果を検証してみることも必要だ。

❹ 設備投資計画について詳しく聞く

銀行員 そちらに機械のパンフレットがございますが、何か設備投資をお考えなのですか?

社長 目ざといなあ。そろそろ耐用年数に届く機械があるから、買換えを考えているところだよ。

銀行員 最近では自動化・省力化に優れた機械が主流となり、企業の業績に大きく貢献していると聞いております。ただ、設備投資は資金面と費用対効果が大きなポイントとなりますので、慎重に検討する必要がありますよね。

社長　そうなんだよ。新型の機械は高いし、なかなか悩みどころだよね…。
銀行員　やはり社長さんも、そのあたりのことについて悩んでいらっしゃるのですね。資金面での負担を減らすには、リースという方法もあると思いますが、いかがお考えですか？

● 解　説 ●

設備投資は、企業にとって今後の業績を左右する重要事項である。そのため、多額な投資額と借入金、資金繰りに影響するキャッシュフロー、費用対効果などを慎重に検討して実行の可否を判断しなければならない。

老朽化、あるいは陳腐化による設備の更新・買換え、工場の新設・増改築など、設備投資を行うにあたっては、設備投資により得られる効果（収益貢献度・費用対効果）を具体的にヒアリングし､それに基づいて的確な借入金約定返済額（借入金返済期間）を設定した融資を提案する。

また、機械の老朽化により買換えを行いたいが、資金面での負担が大きい場合には、リースという方法もある。社長がこのあたりのことについてどう考えているのかをヒアリングしたい。

なお、企業によっては、技術力に優れた熟練の従業員が、新型の機械設備では対応できないという理由で、旧来型の機械設備を使って生産を行っているケースもある。一概に新型の機械設備に更新・買換えすることが良いとは言えないので、安易に提案をするのではなく、企業の営業活動の実態を十分考慮したセールスが必要となる。

❺ 為替相場の影響の話から仕入先について聞く

銀行員　御社はこれまで、原材料は輸入が中心だったと思いますが、最近は円安傾向が続いていています。仕入れに影響はございませんか？

社長　う〜ん。いまの状況だと、海外に頼るメリットもなくなっているね。そろそろ国内の仕入先に変えるタイミングなのかもしれないな。

銀行員　そうですか。仕入先の変更となると、品質、価格、種類、取引量、支払方法など、各種の条件が整わなければなりませんよね。

社長　そうだね。いい仕入先が見つかるといいが。

銀行員　当行の取引先にもご紹介できる先があるかもしれませんので、少々お時間を頂戴したうえで、提案させていただいてもよろしいでしょうか。ご期待に沿えるよう、努めてまいります。

解　説

仕入れすなわち売上原価は、売上総利益（粗利益）に直接影響する重要な項目である。そのため、仕入先の選択にあたっては検討を重ね、様々な条件について十分納得したうえで決定しているはずである。

中でも、原材料などの仕入商品は、継続性のある安定した供給が最優先となる。万一、仕入商品が調達できなければ製造ラインがストップし、生産活動ができなくなってしまう。

仕入先とは信頼関係で成り立っている部分も多いので、提案にあたってはそうした心情にも配慮する必要がある。安易な変更には思わぬリスクが潜んでいることもあるので、十分注意が必要だ。

新たな仕入先を紹介するためには、取引先企業の営業実態はもちろんのこと、為替の動向や海外・国内の仕入先企業の動向について、常に情報収集を図る必要がある。なお、ビジネスフェアや異業種交流会などから新しい仕入先を探すことも有効である。取引先に案内できる情報がある場合には、タイミング良く提供したい。

❻ 資本金強化のため「クラウドファンディング」を提案する

銀行員　決算書を拝見いたしますと、純資産、特に資本金の金額が少ないと感じます。このような状況ですと、何かの事情で突然資金が必要になったときにすぐ対応できず、事業運営に行き詰まることも考えられます。早急に自己資本の強化に取り組まれるべきだと考えますが、社長さんとしてはどのようにお考えでしょうか？

社長　う～ん。正直それは悩みの1つではあるんだけどね…。

銀行員　そうでしたか。増資する場合には、親類・友人知人・取引先から出資を募る方法が一般的ですが、最近では「クラウドファンディング」を活用する中小企業も増えています。

社長　聞いたことはあるよ。インターネットで資金を集めるんでしょ。それって大丈夫なの？

銀行員　ご興味があるようでしたら、当行の担当部署が責任を持ってサポートさせていただきます。手続きなど、ご不安な点については納得されるまで説明させていただきますので、ご安心ください。

●解　説●

「クラウドファンディング」とは、「こんなモノやサービスを作りたい」「世の中の問題を、こんなふうに解決したい」といったアイデアやプロジェクトを持つ起案者が、専用のインターネットサイトを通じて世の中に呼びかけ、共感した人から広く資金を集める方法である。分かりやすく言えば、不特定多数の支援者からインターネットを通じて資金を募る方法であり、中小企業の中にも資金調達の手段として活用するところが増えてきた。

クラウドファンディングのタイプには、①寄付型（出資者から集めた資金は全額寄付とし、リターンなし）、②投資型（出資者がプロジェクトの利益から配当という形でリターンを受け取る）、③融資型（出資者が利子という形で一定のリターンを受け取る）、④購入型（出資者はモノやサービス、権利という形でリターンを受け取る）の４種類がある。事例のような場合は、②の投資型が該当することになる。

クラウドファンディングの運営会社と金融機関の連携も増えてきている。本部に専担部署などがある場合には、積極的に提案したい。

❼ 売上増強のため海外での販路開拓を提案する

銀行員　御社は、長年工作機械の製造・販売を行ってきた実績もありますし、業績は順調に推移しているものとお見受けしていますが、最近の売上の状況はいかがでしょうか？

社長　う〜ん、ちょっと伸び悩んでるね。安定はしてるけど、受注も頭打ちだしね。

銀行員　国内での受注状況は、安定はしているものの大きな進展は望めないということなんですね。では、いっそ海外で販路の開拓を行ってみてはいかがでしょう。御社には長い実績がありますし、自動車・電機・医療機器など、いわゆる「グローバル製造業」のグループとして、海外企業からのニーズは高いと考えられます。

社長　そうは言っても、海外市場の動向は、なかなか把握しづらくてね…。

銀行員　皆さんそうおっしゃいます。中小企業基盤整備機構の「海外ビジネス戦略推進支援事業」の支援の活用などを検討されてはいかがでしょうか。当行も、担当部署を中心にしっかりサポートさせていただきます。

解　説

国内の受注が伸び悩み、販路を海外に求めたいという企業は多いが、中小企業にとって海外市場の開拓には様々な課題があり、二の足を踏む企業も多い。

独立行政法人中小企業基盤整備機構による「海外ビジネス戦略推進支援事業」は、海外市場に活路を見出そうとする中小企業者に対して、専門家チームを組成し、海外展開事業計画の策定支援、Ｆ／Ｓ（実現事業可能性調査）支援、外国語Ｗｅｂサイト作成支援を行っている。海外展開のためのセミナーや相談会も実施しているので、案内したい。

なお、この専門家チームは、海外事情に精通した専門家（国内外の専門家）で構成されている。支援内容によって、中小機構が支援するケースのほか、外部専門機関、民間機関等が支援するケースがある。

金融機関が海外展開を支援するといっても、何をどう支援してもらえるのか、企業には見えにくい。自行庫のこれまでの支援実績について紹介するのもよいだろう。

❽ 販路開拓のため、企業の技術を他分野に転用することを提案する

銀行員　御社は精密機械部品の製造・加工で実績を上げられていますが、自社の技術を他分野に転用することをお考えになったことはございませんか？
社長　う〜ん…。今のところは考えていないけど、販路開拓のためにはそういうことも必要かなと思うよ。
銀行員　最近では、異なる産業分野に部品や技術の供給を図る、あるいは違った産業

分野の中小企業と連携し、それぞれの経営資源を持ち寄って新商品や新サービスを開発するといったことが行われています。特に、航空宇宙産業や医療機器・医薬品産業といった高度な成長産業分野がこうしたことに積極的に取り組んでいる傾向にあります。

社長　そうなんだね。医療分野なんかは、ウチの技術が活かせる部分もあるかもしれないね。

銀行員　御社の優れた技術力は、新しい分野の受注にも結びつくものと考えられます。まずは地域の工業会などに相談してみてはいかがでしょうか。当行も積極的にサポートさせていただきます。

解説

中小企業の多くは特定の技術に優れているものの、部分的な仕事に終始しているため、受注内容の範囲に広がりがない。そのため、仕事量が限定されることになり、思うような業績が上げられないというのが実情である。

こうした状況を改善するためには他分野との連携は必須であり、知恵を出して積極的に取り組んでいく必要がある。中小企業の業績を向上させるためのサポートを行うためには、「中小企業施策利用ガイドブック」（中小企業庁発行）の活用が有効だ。
事例のケースは、同ガイドブックにおける「新連携（異分野連携）の支援」に該当し、認定を受けると、補助金、融資等の各種支援施策が利用できる。
高い技術力・商品力を持つ企業については、「他分野転用」についての社長の考えを聞き、積極的にサポートしていきたい。

❾ 技術承継の取組み状況を聞き対策を考える

銀行員 御社の従業員さんは、ベテランの方が多いように見受けられます。熟練の従業員さんの技術力が、御社の製品に活きているのですね。

社長 そうなんだよ。最終の工程では、必ず熟練の従業員の手で仕上げ作業をするからね。ここが一番の肝なんだよ。

銀行員 その部分が御社の強みだと思います。それだけ、熟練の従業員さんから、若手の従業員さんへの技術の伝承も重要になってくると思われますが、何か対策は行われているのでしょうか？

社長　できることはやっているつもりだが、技術の伝承っていうのはなかなか難しくてね。慢性的な人材不足もあるし…。

銀行員　そうですか。いまは多くの業種で人手が不足している状況ですから、求人に力を入れるなどして、早急に対策を講じる必要があると考えます。当行もできる限りサポートさせていただきますので、改めて対策をご検討されてはいかがでしょう。

●解説●

製品の製造・加工そのものはＮＣ化（工作機械を数値によってコントロールすること）で対応できても、最終工程の研磨や仕上げ作業、あるいは検査といった工程には数値化できない部分が多い。そのため、職人的な経験値に支えられている部分も大きいというのが、現在の中小企業製造業の実態である。

多くの中小企業では、職人的な技術者の高齢化が進む一方、人材不足から技術伝承に困難を来している状況にある。

こうした状況を放置すれば、今後、事業活動に支障を来すことは明らかである。したがって、この状況を深刻にとらえ、積極的に対策を講じる必要があることをアドバイスしたい。

人材確保は容易ではないため、あらゆる方法を駆使しなければならないが、有能な技術者の育成のためには、大学・高専・工業高校と良好な関係を築くことも必要である。企業訪問の受入れ、学校が行う外部講習への協力など、まずは自社を知ってもらうための地道な活動を実施することが、将来の人材確保につながることも加えてアドバイスしたい。

2　飲食業へのセールス

❶ 最近の売上状況から、設備資金ニーズをキャッチする

銀行員　飲食業界も競争が激しく、何かとご苦労も多いかとは思いますが、このところの売上はいかがですか。最近、タウン誌にも紹介されていましたし、いつも繁盛しているようにお見受けしますが…。

社長　そうだね。おかげさまでわりと順調なほうかな。

銀行員　それは何よりですね。経営が順調ということですと、店舗の改装や新たな店舗の出店などもお考えになっているのではないですか？

社長　そうだねぇ…。考えなくもないけどね。

銀行員　ご検討中ということでございますね。もしプランが具体的になりましたら、是非当行にもご相談いただけるとありがたいです。できる限りご協力させて

いただきたいと思いますので、どうぞよろしくお願いいたします。

●● 解説 ●●

一般的に飲食業は、売上代金が現金で回収されるため、収支ズレを埋めるための運転資金ニーズは発生しない。ただし、売上が増加した場合の増加分の仕入資金は、季節性資金のように短期ではなく、資本的に供給されていく必要があるため、経常運転資金（短期継続融資）で対応する。また、商売が順調で従業員を増やすような場合にも、運転資金ニーズが発生することがあるので、こうした前向きな資金需要には積極的に対応したい。

飲食業の主な資金ニーズとしては、このほか、店舗改装資金や新規出店のための設備投資資金が挙げられる。事業先の業績、特に売上高の動向をよく注視し、経営者との密なコミュニケーションを欠かさないようにしておきたい。経営が順調と見られる場合には、ざっくばらんに「店舗の改装や新店舗出店の予定などはございませんか？」と聞いてみるとよいだろう。

❷ 店舗リニューアルについてアドバイスする

銀行員　前回、店舗のリニューアルを行ったのが○年前とのことですが、そろそろまたリニューアルを考えられているようなことはございませんか？

社長　そうだね。壁紙も汚れてきたし、してもいいかなとは思っているけど、具体的なことはまだ何も決まってないよ。

銀行員　では、具体的なプランはこれから考えていくご予定なんですね。社長さんもいろいろとお考えになっているとは思いますが、私なりに最近のリニューアルの事例からポイントを考えてみますと、店舗全体のバリアフリー化やキッズスペースの完備、分煙対策などが挙げられます。無料Ｗｉ‐Ｆｉの導入を検討されるケースも増えてきました。

社長　なるほど。ウチは子連れのお客様も多いから、何か考えたほうがいいとは思っていたんだ。最近は無料Ｗｉ‐Ｆｉが使えるお店も増えてきたよね。

銀行員　**そうですね。さらに休憩室の整備など、従業員の皆さんの職場環境を整えることも必要かと思います。この機会にソフト面についても見直し、従業員の皆さんのホスピタリティを向上させることも検討されてはいかがでしょう。**

解説

飲食業にとって、店舗のリニューアルは集客力に大きな影響がある。当然売上高にも影響があるため、経営者はお客様の動向、集客数の増減には敏感である。飲食業は変化のスピードも速く、他社の動きや業界の動向にも関心を持つことが必要となる。

リニューアルには多額の費用がかかることから、費用対効果について十分検討しなければならない。外部機関の専門家による経営支援、経営アドバイスなどの利用も有効であり、金融機関としては間に立ち、計画が効率的・効果的に進むよう支援したい。

また、飲食業界は特に人材が不足しており、従業員の定着率を向上させることは多くの店舗の課題である。リニューアルに際しては、従業員の満足度（ＥＳ）向上のためにも職場環境の整備に力を注ぎ、併せて、ソフト面の見直しについても前向きに取り組むようアドバイスしたい。

❸ 店舗リニューアルの詳細を聞く

銀行員　店舗のリニューアルをお考えのようですが、どの程度の規模をお考えですか？

社長　1階はカウンターを縮めてテーブル席を増やし、一部はソファ席にするつもりだよ。2階の喫煙席は廃止して、キッズスペースもある座敷にしようと思っているんだ。

銀行員　それは随分と大掛かりな工事になりますね。今から改装後の店舗が楽しみです。店舗改装資金のほかにも、老朽化した設備の買換え資金、工事期間休業中の家賃などが必要になるかと思いますが、見積りの金額は算出されていますか？

社長　一応、これがリニューアルの計画をまとめたものだよ。

銀行員　この見積り金額のうち、○○万円を借入金により資金調達するというご予定なのですね。この見積書で、リニューアルの詳細と金額面について、一緒に

確認していければと思いますので、よろしくお願いいたします。多額の設備投資に見合う効果を出すために、当行としてもできる限りのサポートをさせていただきます。

解説

設備投資で注意しなければならないことは、①予定している費用対効果が見込めるか、②過大な設備投資になっていないか、③借入金返済期間が減価償却期間の範囲内であるか、④キャッシュフローと借入金返済期間が整合しているか、⑤返済期間が短すぎて資金繰りに影響を及ぼさないか、⑥借入金返済期間が長すぎて借入金利が高くなっていないか、などである。

リニューアルの詳細を聞き、見積書などを提出してもらったら、設備投資計画について検討を行う。金融機関としてはどうしても「審査目線」になってしまうが、経営者の目線に立ち、リニューアルを応援する姿勢が大切である。見積書の中に余分に思える工事があったとしても、そこに経営者の強い思い入れがある場合もあるので、十分なヒアリングを行いたい。

なお、計画している設備投資に無理があるような場合には、設備投資の一部あるいは全部をリースで調達するという方法もあるので、この点も念頭に置いておく。

❹ インターネット等による集客力アップを提案する

銀行員　最近の売上の状況はいかがですか？

社長　オープン当初に比べて、来店客はちょっと減ってきているかな。その分、売上も減少傾向だね…。

銀行員　何か、売上増強策について考えていらっしゃいますか？

社長　そうだね…今のところ、パッと思いつかないけど。広告宣伝もお金がかかるしね。

銀行員　私どもで取引いただいている他のお店には、フェイスブックやツイッターなどのＳＮＳを駆使したり、民間のグルメサイトへの掲載など、積極的にインターネットを活用して売上を伸ばしているところもあります。ＳＮＳは費用もかからず簡単に始められ、お客様との距離も近くなりますので、検討して

みてはいかがでしょうか。これらの活用については外部の支援機関に相談することもできますので、是非お考えになってみてください。

解説

競争の激しい飲食業界では、民間のグルメサイトへの掲載のほか、フェイスブック、ツイッター、インスタグラムなどのSNSを積極的に活用し、業績を伸ばしているところも多い。SNSに魅力的なメニューや内観の写真などを掲載し、それが拡散することで、新規顧客の獲得にもつながっている。

飲食業でインターネットを活用できていない企業があれば、積極的にアドバイスを行いたい。ただし、売上高増強のための自社サイトやSNS等の活用については、金融機関独自では助言・支援に限界があるため、公的機関による支援を有効に活用し成果を上げることが望ましい。中小企業庁の『中小企業施策利用ガイドブック』に掲載されている施策としては、「IT関連イベント、専門家派遣事業」「中小企業・小規模事業者ワンストップ総合支援事業（よろず拠点支援事業）」などがあり、専門家からアドバイスを受けることができる。

3　建設業へのセールス

❶ 受注内容を聞き、資金繰りについて確認する

銀行員　御社のお仕事はゼネコンからの工事の請け負いが多いようですが、最近の建設業界は、東日本大震災以降の復興需要に加え、東京オリンピック関連の首都圏開発、老朽化した道路・橋梁の補修工事など、繁忙状態が続いています。御社もお忙しく、業績も好調に推移しているものとお見受けしますが…。

社長　おかげさまで引き合いも多くて、大忙しだよ。

銀行員　受注が重なると先行する支払資金も多額になると思いますが、資金繰りに支障はございませんか？　それぞれの受注に対する収支ズレを整理して資金管理をしないと、突然資金ショートするような事態にもなりかねません。

社長　そうなんだよね。実際最近ちょっと資金繰りに余裕がなくなってきているよ

うな気がしていてね…。

銀行員　もしかしたら収支ズレの把握に誤りがあるかもしれませんので、改めて整理してみることをお勧めします。それでも不足するようでしたら、是非当行にご相談ください。

● 解説 ●

建設業は、大きく「建築」と「土木」に分けることができる。さらに建築は「住宅」と「非住宅」に、土木は「政府部門（官公需）」と「民間部門（民需）」に分かれている。ひと口に「建設業」と言っても範囲が広いので、資金ニーズについては、各企業の業界的な位置づけを確認したうえで、その受注状況から把握することが大切だ。

特に新規開拓先については、複雑な業界構造のどこに位置しているかということをまず確認する必要がある。それによって、資金繰りの状況も財務改善ニーズも異なるからである。さらに、受注産業なので、案件内容（受注元、規模、内容、工期、支払い条件等）を正確にヒアリングすることも欠かせない。

建設業界の具体的な構造は次のとおりである。

・工事を発注する「計画・監督」部門…スーパーゼネコン、ゼネコン、住宅メーカー、大手不動産会社、設計会社など
・工事を請け負う「工事会社」部門…建設会社、土木工事会社、管工事会社、内装工事会社、電気工事会社など
・関連資材等を提供する「供給会社」部門…建設機械リース会社、仮設資材リース会社、人材派遣会社、資材供給会社など

事例の企業はゼネコンからの工事を請け負う土木・建設工事会社である。現在、建設業界は全般的に見て繁忙状態であり、資金需要は旺盛だ。留意点は多いが、資金繰りの状況を確認し、積極的に融資を推進していきたい。

❷ 得意とする工事（技術）分野を聞き、企業の強みを知る

銀行員　御社のホームページの事業内容には「橋梁の架設、床版、塗装、溶接工事」「鉄骨建設の組立工事」などの記載がありますが、最も得意とする工事はどのような分野なのですか？　勉強のために、ぜひ教えていただきたいのですが。

社長　一番得意なのは橋梁工事だね。特に補修工事については長年の実績もあって、自分で言うのもなんだけど、業界でも一目置かれているよ。○○大橋も△△橋も、ウチが補修したんだ。

銀行員　そうだったんですか。では御社には、高い技術を持った優秀な従業員の方がたくさんいらっしゃるのですね。技術の伝承が問題なく行われているからこそ、長年の実績と信頼につながっているんですね。

社長　この業界、ヒトが大事だからね。ウチは比較的離職率が低くて、ベテランも多いんだよ。

銀行員　御社の強みがよく分かりました。詳しく教えていただき、ありがとうございます。

解説

企業の強みは、財務内容を中心とした定量面だけでは計り知ることはできない。財務内容以外のこと、例えば、営業販売力・技術力・開発力・社長や従業員の資質などの定性面を含め、総合的な見地に立って企業を見る必要がある。

建設業界の構造が複雑であることは前にも述べたが、その企業が業界構造のどこに位置するのか、どのような工事や技術に優れているのかを知ることは最も基本的なことである。企業の強みを知っていればビジネスマッチングなどもしやすくなるので、積極的に情報収集・ヒアリングするようにしたい。

建設業界は、その構造上、上部層に行くほど財務基盤が堅固であり、融資獲得競争も激しくなる。一方で、下部層であるほど財務基盤はぜい弱になり、資金ニーズが高くても、その分融資判断も厳しくなるというのが一般的な傾向である。ただし、特殊な工事技術や同業他社に比べて優位なノウハウを持つ企業であれば、どのような位置にいても取引先の信頼が厚く、受注は安定していると考えてよい。

受注元である主な得意先の確認も大切だ。受注元が官公庁や財務基盤が強く業界評価が高い先であれば安心できるが、受注元の財務基盤が弱い場合、受注元は完成後の工事資金が回収できているにもかかわらず、下請け企業等への支払いが滞るというようなケースも出てくる。不況時に建築業界で連鎖倒産が多く見られるのも、これが理由である。

なお、サブコンなどの中小規模の建設業者の場合には、業界構造の中でゼネコンから受動的に工事を請け負うだけでなく、自らの営業努力で民間建設を受注したり、官公庁の入札参加資格（規模や工事実績等により格付けされているので、そのランクを確認することも大切）を取得して積極的に入札に参加したりしているケースも多い。

このような建設業者は、外注先である下請け先の資金繰りをサポートするなどして、下請け先の面倒を見ながら工事を請け負っている場合が多い。そのため、受注が多くなると、その分資金需要も旺盛になるので、個々の工事請負契約書を確認したうえで受注工事の内容をヒアリングする。内容の確認ができれば、その内容に沿った融資方法・融資条件をまとめ、積極的に提案したい。

❸ 業界の現状や課題を切り口に、企業の状況を聞く

銀行員　最近の建設業界は、建設資材不足、原材料の価格高騰、人手不足、外注先への高依存などが深刻な問題となっていますが、御社はどのような状況でございますか？

社長　そうだねえ…。資材不足はどうにもならない状況の中、なんとか対応してき

たけど、問題は人手不足だよね。なかなか人がいないから外注先に依存せざるを得ない…。

銀行員　やはり、人手不足が一番の悩みでございますか。これまでは、どのような対策を講じられてきたのですか？

社長　ハローワークや求人チラシ、ホームページでの求人募集なんかをしてきたけど、思うような成果は得られてないね。

銀行員　業界全体で人手不足の状況ですから、悩ましいですね。人材確保のためには給与や勤務時間等の基本条件のほか、女性従業員の積極雇用、職場環境の整備などにも目を向ける必要があります。外部の専門家に相談するのも有効かと思いますので、考えてみてはいかがでしょうか。もちろん、当行もこの問題が解決するよう、積極的にお手伝いできたらと思います。

解　説

建設業は、３Ｋ業種（危険・汚い・きつい）の代表的な業種という強いイメージが浸透していて、なかなかこれを拭い切れていない。そのため、人材確保は他の業種よりも困難を極めているのが実態である。

こうした状況を改善するためには、業界全体で戦略的な施策を打ち出すことが必要だが、各企業が取り組むべき課題としては、「女性の雇用促進のための更衣室、託児施設等の設置」「休暇・時間外労働などの労働環境の改善」「高い技術力・経験を有する職人を育成するための態勢整備」などが挙げられる。

これらの施策の実施にあたっては、①補助金制度（厚生労働省が行う職場環境の整備・改善支援）の紹介と申請書作成の支援、②女性の活躍推進支援につながる取組みの紹介、③産業雇用安定センター（経済・産業団体、ハローワーク等と連携し、全国ネットで人材確保、従業員の再就職支援を行う機関）への登録など、外部機関の活用も含めた支援・アドバイスが必要である。

❹ 新規事業への参入を提案する

銀行員　ここ数年、建設業全体で受注が増加しているため、かなり繁忙状態となっているようですが、御社は比較的落ち着いているように思えます。差し支えなければ、受注状況を教えていただけますか？

社長　う～ん。原材料価格が高騰しているし、人手不足なこともあって、なかなか採算に見合う受注工事が獲得できないんだよね。あくまでも採算を重視して受注を選別しているところだよ。

銀行員　なるほど。無理に受注獲得競争を行っても、赤字になれば何のための事業活動か分からなくなりますから、ごもっともなお考えです。そういたしますと、御社は比較的、営業活動時間に余裕があると考えてよろしいですか？

社長　まあ…今のところはそんな感じだね。

銀行員　では、その時間を活用して、新しい事業に参入することを考えたことはございませんか？　最近では、閑散期などを利用して、農業分野、介護分野など、まったく新しい分野に進出する企業も増えています。新事業への参入は、行政機関等と連携して進める必要がありますが、新たな雇用を創出することにもなりますし、様々なメリットが期待できますよ。

解説

受注については順調なのに、それが利益に結びついていない、あるいは思わぬ赤字を出したというような建設業者は多い。中には、資金繰りを維持するため、赤字覚悟で受注しているようなケースも見受けられるので、受注すなわち売上高を増加させることを最優先と考えている建設業者は要注意だ。

そのような状況下で、工事の受注を選別しながら、新規事業を通じて雇用を維持しようとする建設業者が出てきている。特に地方では、建設関連や環境分野だけでは雇用が維持できず、農業・介護など地域に密着したコミュニティ・ビジネスへの参入が増加している。中でも農業は、建設業従事者に兼業農家が多いことなどから、参入の技術的な垣根は低いとされている。

新規分野参入への課題としては、資金調達、技術・ノウハウの習得などが挙げられる。例えば農業分野の場合は、農地取得にかかる費用や機械・施設の導入資金などに資金需要が見込まれる。また、技術・ノウハウの習得についても、農業経営アドバイザーの活用、行政と連携した農業専門家による技術指導等の提案が不可欠となる。

4　不動産業へのセールス

❶ サ高住への参入計画の有無を聞く

銀行員　最近はサ高住のニーズが高くなっていますが、御社での取組み状況はいかがでしょうか？

社長　営業テリトリーの中で、サ高住への関心やニーズがどの程度あるか、調査中というところかな。

銀行員　そうなんですか。仮に、サ高住への参入を決めた場合には、御社自体で事業運営されるのか、あるいは地域の資産家と連携して事業運営されるのか、いずれをお考えですか？

社長　遊休土地の有効活用を考えているような、地域の資産家との連携を考えているよ。

銀行員　そうなんですか。一般賃貸住宅の経営は、立地条件・老朽化・借り主の多様なニーズなどから、空き室率の増加で苦戦しているところもあるようです。その点、サ高住の場合はターゲット層が特定されていて、今後も高い需要が見込めますよね。具体的なプランを作成する際には、是非当行も加えていただきますよう、よろしくお願いいたします。私のほうでも、サ高住建設に関心を示すような地域の資産家や遊休土地の所有者など、対象先をご紹介できるよう努めたいと思います。

解　説

サ高住とは、「サービス付き高齢者向け住宅」のことであり、一定のサービスが提供される高齢者向けの賃貸住宅である。ケアの専門家が少なくとも日中は常駐し、安否確認サービスと生活相談サービスをすべての入居者に対して提供する。

サ高住はあくまでも賃貸住宅であり、介護施設ではない。また、有料老人ホームなどとは違い、入居時費用・月額利用料などの費用負担が少なく済む場合が多い。

形態としては、①事業者が土地建物を所有する、②借地に事業者が建物を建てる、

③土地所有者が建てた建物を一括で借り上げ転貸するサブリース、などがある。

不動産賃貸業やハウスメーカーに対し、遊休地活用を検討している、あるいは相続税対策が必要なお客様と、医療・介護事業者などの取引先を、サ高住を絡めてマッチングさせるのがアプローチのポイントとなる。

❷リノベーションへの取組み状況を聞く

銀行員　最近、中古の戸建て住宅やアパートなどをリノベーションして賃貸に出すような動きがありますが、御社でもそのような事例はありますか？

社長　今のところオーナーさんからそういう相談はないけど、中古物件ではけっこう空室が目立つアパートもあるんだよね…。

銀行員　中古アパートは、室内をすべてフローリングにしたり、1部屋の壁を取り払って広いリビングを作ったりすることで、成功するケースがあるようですね。ある地域では、中古の戸建て住宅を改修して、託児所や介護施設、家庭的な雰囲気の喫茶店やレストランなどに活用しているケースもあるそうですよ。

社長　新築が値上がりしているから、中古市場は意外と活況なんだよね。

銀行員　リノベーションによりこの地域に住む人が増えれば、地域の発展に貢献することになりますので、当行としても積極的に取り組みたいと考えております。情報交換を密にしていきたいと思っておりますので、よろしくお願いいたします。

解　説

国土交通省の定義によれば、「リノベーションとは新築時の目論見とは違う次元に改修すること」である。核家族化、人口減少、高齢化社会などの要因から、空き家となっている中古戸建て住宅、空室が目立つ中古アパート・中古マンションが増えた。リノベーションによってこれらを新築同様に生まれ変わらせ、新しい入居者の獲得に成功しているケースが多く見られる。デザイナー物件にしたり、ペットとの同居可能な仕様にするなど、地域のニーズに合わせ、様々な事例がある。

リノベーションは、間取り変更などを行う全面改装となり、多額の資金が必要になる。ニーズを早めにキャッチできるよう、業者との情報交換を密にしておきたい。

❸ リフォームへの取組み状況を聞く

銀行員　少子高齢化の影響などで、お客様のリフォームに対するニーズは高いと言われています。以前御社が新築住宅を分譲販売した、あるいは他社の住宅分譲を仲介したお客様などから、リフォームの相談はございませんか？

社長　毎年徐々にそういう相談が増えている感じだよ。団塊の世代の高齢化もあって、子供夫婦や孫たちと一緒に生活したいというニーズもあるしね。

銀行員　やはりそうなのですか。御社にとっては、不動産賃貸業、新築分譲販売事業に加え、リフォーム業者とのマッチングによる手数料収入も大切な収益源ということになりますね。

社長　そうだね。今後はもっとそういう話が増えるかもしれないな。

銀行員　もし、資金の準備にリフォームローン等の利用を考えているお客様がいらっしゃいましたら、是非ご紹介いただけませんでしょうか。当行もお客様からリフォームの相談を受けた場合には、積極的にご紹介させていただきます。

●解説●

お客様が住宅のリフォームをする場合、専門の業者に依頼するほか、新築分譲住宅を購入した、あるいは仲介してもらった不動産業者に相談・依頼するケースも多い。少子高齢化で住宅のストック数が世帯数を上回り、既存住宅の手入れをして長く使う傾向が出てきている。年々リフォームのニーズは高くなっているといわれ、お客様とリフォーム業者とのマッチングを行う不動産業者の役割は大きい。

リフォームを行って新たな世帯が入って来れば、空き家になるのを防ぐことができ、地域の発展にとっても大きな意味がある。そのためにも、地域の不動産業者と密接に連携し、金融機関としての役割を果たす必要がある。

なお、具体的なリフォームの内容としては、高齢化に対応するバリアフリー、居住者の人数やライフスタイルの変化に応じた住宅の増改築、老朽化に伴う住宅設備機器の改修（台所・風呂・トイレなどの水回りが中心）やエクステリア（テラス・門扉など）の新たな設置などが挙げられる。

❹ 相続税対策のための二世帯住宅への取組み状況を聞く

銀行員　最近、相続税対策のためにも二世帯住宅を考えている世帯が多いと聞いていますが、御社でもお客様からそういった話題が出ていませんか？

社長　そうだね、平成27年の相続税改正以降、節税対策で二世帯住宅にしたいというお客様もいるね。

銀行員　やはりそうなんですね。御社は地場のハウスメーカーとして長い実績がありますので、ご相談にみえるお客様も多いと思います。もし、二世帯住宅建築のための住宅ローンのご利用をご希望されるお客様がいましたら、是非当行へご紹介くださいますようお願いいたします。

社長　紹介するのはいいけど、お客様もけっこう金利にシビアになっているよ。

銀行員　そうでしょうね。当行では親子ペアローンや親子リレーローンも取り扱っておりますし、様々な資金計画に対応できます。相続のご相談も承りますので、金利だけではないメリットをお客様にご提供できるかと思います。是非よろしくお願いいたします。

● 解　説 ●

平成27年1月の相続税改正以降、お客様の相続税に対する関心は高まっている。住宅を建てる際にも、二世帯住宅にすることで、相続税対策を行う人が増えてきた。

ここでの相続対策とは、「小規模宅地の特例」の適用を受けることである。この特例は、土地の面積が330㎡以内であれば評価額の80％を減額できるというもので、居住用宅地については、被相続人の配偶者もしくは同居親族が取得した場合（同居親族の場合は相続税の申告期限まで引き続きその家屋に居住し、かつ、その宅地等を相続税の申告期限まで有していることが必要）が対象になる。別居の親族については条件が厳しいため、二世帯住宅で親子が同居し、子が親名義の自宅土地を相続することで、節税対策をしようというものである。

また、自治体によっては三世代同居・近居に対して補助金を支給しているところもあるので、こうした情報も収集しておきたい。二世帯住宅のローンを扱えれば、各世帯への他の取引推進にもつなげやすい。早い段階で情報をもらうことが大切だ。

❺ セミナーや相談会を案内する

銀行員　本日は、当行が主催しております住宅営業セミナーのご案内で伺いました。地域の住宅業者様を対象に○月○日に開催いたしますので、是非従業員の皆様にご参加いただければと思います。

社長　銀行さんも住宅ローンを推進するのに、いろいろと大変だねぇ。

銀行員　いつも住宅ローンの話ばかりで恐縮です。どこの金融機関にとっても住宅ローンは重点商品ですから、ますます競争が激しくなっておりまして…。最近は、お客様からの資金相談も、営業担当の従業員の方が受けていらっしゃると伺っております。金利タイプや団信の種類も新しいものが増え、変更点もございますので、最新の情報をお客様に提供していただくためにも、この機会をご活用ください。

社長　最近はお客さんもいろいろ調べてから来るからね。営業もいろんな話ができないとダメだよね。

銀行員　おっしゃるとおりです。営業担当の皆様には役立つ内容かと思いますので、よろしくお願いいたします。

●解　説●

住宅ローン推進のためには、地域の不動産業者ならびに大手ハウスメーカーなどとの強い結びつきが必要である。お客様の紹介についてはギブアンドテイクが基本だが、日頃の情報交換による信頼関係の構築も大切な活動である。

住宅ローン商品は金利体系や各種保障などが多岐にわたり、不動産業者・大手ハウスメーカーの従業員が十分に理解できていない点も多い。一方でお客様は住宅営業の担当者に対し、ローンをはじめとする様々な質問をするため、それにきちんと答えられなければ、成約に結び付けるのは難しいだろう。

住宅ローンセミナーは、不動産業者やハウスメーカー従業員にとってもメリットがあることを伝え、参加を促す。業者によっては住宅ローンの推進活動に「またか」という顔をされることもあると思うが、そこは軽く受け止め、継続的に様々な情報提供を行うべきである。

5　小売業へのセールス

❶ 円安による影響を確認し対策を考える

銀行員　円安で輸入製品の仕入価格が上がっているようですが、影響はいかがですか？

社長　今のところ、それほど大きな影響は出てないかな。でも、この業界は薄利多売だからね。あまり円安が続くと、将来的に利益に大きく影響してくるかもしれないね。

銀行員　ごもっともだと思います。仕入価格の値上がり分を販売価格に転嫁されることは、お考えではないのですか？

社長　販売価格に転嫁するっていうのはなかなか難しいね。さらに仕入価格が上がったら、そのときに対策を考えるしかないと思っているけど…。

銀行員　お客様との信頼関係にも関わりますから、簡単には決断できませんよね。精一杯の企業努力を行って、販売価格への転嫁は最低限に抑えている企業が多いように思います。今後具体的に考えられるようでしたら、当行としてもできることはサポートさせていただきたいと思いますし、専門家の派遣などの支援も受けられますので、いつでもご相談ください。

●解　説●

仕入先が海外にある小売業にとって、円安による仕入価格の上昇は悩ましい問題である。仕入価格の上昇分をすぐに販売価格に転嫁できれば問題ないが、かえって売上減少につながることもあり、踏み切りにくいのが実情だ。

多くは「企業努力」で乗り切ることになるが、その具体例としては、①仕入先や仕入ルートの変更、②まとめて大量発注することによる値引き交渉、③販売コスト、人件費の抑制などが挙げられる。

場合によっては、円安対策に助成金・補助金が出ることもある。積極的に外部機関を活用することも検討したい。

❷ シニア向け商品の品揃えや戦略を聞く

銀行員　昨今の小売業界では、シニア層向けの商品構成にウエイトを置いてきているようですが、御社の取組みはどのような状況ですか？

社長　徐々にシニア層向け商品の構成割合が多くなってきているね。団塊の世代を中心に、購入層に高齢者が多くなってきているからね。比較的お金に余裕があって、消費意欲が盛んなシニアも多いし。

銀行員　なるほど、そういうことですか。御社には、健康面を意識されるシニア層のニーズを満たす商品が揃っていますし、高齢者に対するお買い物補助券の配布など、お客様に喜ばれるサービスが素晴らしいと思います。

社長　今後ますます高齢者は増えるからね。これからもシニア層に重点を置いた商品構成で営業展開していくつもりだよ。

銀行員　今後の実績が楽しみです。売上増加に伴う運転資金がご入り用になったときや、店舗のバリアフリー化などのご予定がございましたら、是非前向きにサポートさせていただきたいと思います。

●解　説●

高齢者世代層（シニア層）は、経済的にも時間的にも余裕がある人が多く、衣料品や食料品を中心に購買意欲が高い。また、外食、旅行、趣味などの消費志向も高いため、今やシニア層向け市場は成長市場といえる。

店舗によっては、シニア層をどのように取り込むかによって業績が大きく変わるため、シニア層をターゲットにした戦略が企業の将来を左右する重要なテーマとなっている。

都心部の大型店、地方都市にある大型のロードサイド店は、地域の中小規模の小売店を圧倒しているが、シニア層に対するきめ細かい対応は、必ずしも十分とはいえない。そのため、中小企業者でなくてはできないサービスに力を注ぎ、大型店との差別化を図ることが生き残る道となる。

例えば食料品なら、栄養面に配慮した商品、調理が簡単な商品、少量パック商品、読みやすいラベル、読みやすい商品説明、開けやすいパッケージなど、高齢者のニーズに応える商品の工夫・開発が必要である。

そのほか、高齢者向けに特化した売り場、体が不自由な人のための優先レジ、商品を手に取りやすい陳列棚の設置、買い物補助券のサービスなども消費者のニーズに適った施策である。

シニア層向けの商品の品揃え、シニア層をターゲットとした戦略について、経営者の考えをヒアリングしたい。金融機関としても前向きにサポートしたいという思いを伝え、増加運転資金や設備資金の相談をしてもらえるような関係を作っておくことが必要である。

❸ 海外のお客様への対応状況を聞く

銀行員　ここ数年、海外からの観光客が増加傾向にありますが、御社ではどのように対応されていますか？
社長　とりあえず、英語が堪能なスタッフがバッジをつけて売り場に出ているけど、それくらいかな。

銀行員　そうなんですか。今後も海外からの観光客は増加する見込みですから、何か対策を考える必要があるかと思いますが…。

社長　そうはいっても、観光客だけがお客さんじゃないし、何をどうすればいいのか…。

銀行員　それはおっしゃるとおりだと思います。例えば、中小企業庁による各種の中小企業施策の中に、専門家の派遣を依頼できるというものがありますので、一度利用してみてはいかがでしょうか。専門家の目で見てもらえれば、的確な指導と支援を受けられますよ。利用に関しては本部担当者を交えてサポートさせていただきますので、是非ご検討いただければと思います。

解説

近年の海外からの観光客増加に伴い、売上が伸びている事業者は多い。このインバウンド需要は首都圏のみに限らず、地方にも波及している。

地方を観光する外国人は、首都圏で爆買いする観光客とは異なる消費行動をとる「リピーター」であることが多く、この種のリピーターは増加傾向にあると言われている。

地方の中小企業にとっても、今や海外からのお客様は無視できない状況になった。取り組み状況を尋ね、必要なアドバイスを行う必要がある。

観光客への対応というと、従業員が英語・中国語・韓国語などの会話力を身に付けることがまず考えられるが、旅行客向けフリーペーパーへの広告掲載、ソーシャルメディアを利用したプロモーション、売り場の外国語表記やポップの作成なども並行して進めることが必要である。専門家の派遣も含め、金融機関として役に立つアドバイスを行いたい。

❹ ネット販売への関心度を確認する

銀行員　ネット販売に力を入れ、スマホサイトなどを充実させて売上を伸ばしている企業がありますが、御社ではそういったご計画はありませんか？

社長　う〜ん。今のところは店頭販売だけでいいと思っているよ。

銀行員　そうなりますと、売上を伸ばすには既存の店舗を強化するか、新しい店舗を出店するかのいずれかとなりますが、何か売上を伸ばすための施策をお考えになっていらっしゃいますか。

社長　将来的に新店舗を出店する計画はあるけど、主に資金面と人材面でのめどがついてからかな。

銀行員　新店舗を出店するとなれば多額な資金が必要となることはご承知かと思いますが、ネット販売でしたら、費用負担も少なく始められます。新規のお客様を取り込むためにも有効かと思いますので、検討してみてはいかがでしょうか。一度専門家の派遣を依頼し、アドバイスを受けてみて、その結果次第で決めてもよいと思います。当行もサポートいたしますので、ご安心ください。

解説

小売業が売上を増やすためには、既存店舗の販売強化、新店舗の開設などの方法があるが、ネット販売の推進も1つの方法である。新店舗開設ともなれば、土地の確保から、多額の投資、支払家賃、人材確保まで、様々な課題が生じる。費用対効果を考えると、中小企業の小売業者にとっては大きなリスクが伴う戦略でもある。

その点ネット販売なら、初期投資の費用もそれほどかからず、人件費や家賃などの固定費も少なく済む。消費者サイドとしては、時間帯や地域に関係なく購入できることは大きなメリットであり、ネット戦略がうまくいけば、幅広い新規顧客を開拓することにもつながる。

特に、これから高齢社会となり足腰が不自由なシニア層が増加すると、インターネット・スマートフォンによる注文と宅配の取引が増加し、実店舗の優位性は一層揺らいでくると考えられる。若年層もスマホを利用したネットショッピングが当たり前になっており、全年代平均で利用率は7割を超えているというデータもある。

そのため、売上が減少している、あるいは売上が伸び悩んでいるような小売業者には、ネット販売への参入について、積極的にアドバイスしてみることも有効だろう。ネット販売は競合も多いことから、コンセプトを絞り込んで、他社との差別化を図ることが重要なポイントとなる。中小企業庁の施策を利用した外部専門家の派遣を含め、的確なアドバイスを行いたい。

おわりに

どんな仕事でも働くことは大変なことである。金融機関の仕事も例外ではなく、渉外活動も難しく大変な仕事だ。渉外活動を難しく感じるのは、対象が「人」だからである。相手のニーズや期待に応えるには、自身が持っている能力を１００％発揮して取り組まなければならない。

何より悩ましいのは、お客様が渉外担当者である自分を受け入れてくれるかということであり、すべてはこれにかかっている。だからこそ、本書では第一印象の大切さについて、紙幅を割いて書いた。

いかに豊富な知識があり、渉外担当者としての能力があったとしても、印象が悪かったり、面談するための工夫が足りずにお客様と面談できなければ、その知識や能力は無駄になってしまう。渉外活動の第一歩は、お客様に好印象を持ってもらうにはどうすればよいか、面談してもらうには何が必要かを考えることである。本書で紹介した「話し方・聞き方」はヒントでしかなく、これをそのまま使えば、必ずうまくいくというものでもない。個性を発揮し、「自己流」の渉外活動の仕方を見つけてほしいと思う。

もう1つ大切なことは、日々、地道に継続的な活動を実施することである。言い換えれば、長続きする活動を実施するということだ。無理なスケジュールを組み、自分にとって不自然な応対が続いてしまっては、長続きするはずもない。

渉外活動には何かと苦労がつきものだが、その分、成果があったときの喜びはひとしおである。うまくいかないことが重なっても、根気よく、かつ地道に渉外活動を続けていれば、いつかは必ず報われると信じてほしい。どんなときでもお客様の立場に立ち、誠実な応対をしていれば、あるときパッと道が拓けるものである。

勉強することに終わりはない。「生涯勉強」であるという気持ちを持っていれば、渉外活動の中で様々なことに気づきがある。その気づきを糧に、謙虚に自己研鑽に励む姿勢が大切だ。

今や、金融機関も淘汰される時代となった。その中で、地域の企業・個人に必要とされる金融機関であるためには、渉外担当者が自分の役割を果たし、責任を持って活動することが求められる。
「誰かに必要とされる」ことは、働く意義でもある。自分を見失いそうなときは、そのことを思い出してほしい。そうすれば、決して活動にぶれが生じることはない。渉外担当者の皆さんが、毎日笑顔でやりがいを持って働いてくれることが、筆者の願いである。

２０１７年11月　奥山文雄

著者プロフィール
奥山 文雄（おくやま ふみお）

1948年生まれ。大学卒業後、1971年川崎信用金庫に入庫。2008年に定年退職するまでの38年間のうち、31年間を営業店で勤務。営業係と融資係を統合する営業融資一体化のモデル店舗の役席者として実績を上げ、3店舗の新規開設にも携わる。支店長を通算4店舗、10年にわたり務めた。

【研修講師実績】
全国信用金庫協会、東京都信用金庫協会、信用組合中央協会等の主催による研修、各金融機関からの依頼による研修など

【著書】
『前田くんの融資セールス実践記』（近代セールス社）
『融資渉外力を高める極意』（同）

【通信教育講座の執筆】
「ドリル式・事業性評価に基づく経営改善の進め方講座」「中小企業の『資金繰り』徹底マスター講座」「渉外担当者のための肩代わりセールスに強くなる講座」（以上、近代セールス社）

一人前といわれる
渉外担当者の教科書

2018年1月11日　初版発行
2019年9月5日　第2刷発行

著　者……………… 奥山文雄
発行者……………… 楠 真一郎
発行所……………… 株式会社近代セールス社
http://www.kindai-sales.co.jp/
〒165-0026
東京都中野区新井2-10-11　ヤシマ1804ビル4階
電話：03-6866-7586
FAX：03-6866-7596

編　集……………… 吉川令那
装　幀……………… 江森恵子
ＤＴＰ……………… 根本眞一
印刷・製本………… 株式会社暁印刷

※乱丁本・落丁本はお取り替えいたします。

 ISBN　978-4-7650-2087-9